Vivre avec une personne atteinte de diabète

Dr. Somma
Clinique Roberval/ 450-653-3631

Bayard
CANADA

Catalogage avant publication de Bibliothèque et Archives nationales du Québec
et Bibliothèque et Archives Canada

Ekoé, J.-M. (Jean-Marie), 1947-
Vivre avec une personne atteinte de diabète
Comprend des réf. bibliogr. et un index.
ISBN 978-2-89579-340-3

1. Diabète - Ouvrages de vulgarisation. 2. Glucides - Métabolisme, Troubles du – Ouvrages de vulgarisation. 3. Diabète - Traitement - Ouvrages de vulgarisation. I. Titre.
RC660.4.E46 2010 616.4'62 C2010-941976-6

Dépôt légal — Bibliothèque et Archives nationales du Québec, 2010
Bibliothèque et Archives Canada, 2010

Direction, Groupe d'édition et de presse : Jean-François Bouchard
Direction éditoriale : Yvon Métras
Direction de la collection : Lucie Côté
Collaboration à la rédaction : Hélène Côté
Révision : Pierre Guénette
Mise en pages et couverture : Mardigrafe

Nous reconnaissons l'aide financière du gouvernement du Canada par l'entremise du Programme d'aide au développement de l'industrie de l'édition (PADIÉ) pour nos activités d'édition.

Bayard Canada Livres inc. remercie le Conseil des Arts du Canada du soutien accordé à son programme d'édition dans le cadre du Programme des subventions globales aux éditeurs.

Conseil des Arts du Canada — Canada Council for the Arts

Cet ouvrage a été publié avec le soutien de la SODEC. Gouvernement du Québec — Programme de crédit d'impôt pour l'édition de livres — Gestion SODEC.

Bayard Canada Livres
4475, rue Frontenac, Montréal (Québec) H2H 2S2
Téléphone : 514 844-2111 — 1 866 844-2111
edition@bayardcanada.com
www.bayardlivres.ca

Imprimé au Canada

Offert en version numérique
978-2-89579-839-2
www.bayardlivres.ca

Table des matières

préface

Le diabète est un étranger sournois qui s'impose dans la vie d'une personne en apportant son lot de préoccupations, d'interrogations et d'incertitudes. Lors du diagnostic, la personne qui le reçoit est en état de choc et elle se sent déstabilisée face au futur. Elle a alors l'impression d'être la seule au monde atteinte de diabète. Des questions sans réponses fusent alors à un rythme effréné : Qu'est-ce qui m'arrive ? Qu'ai-je fait de mal ? Pourquoi moi ? Que sera ma vie désormais ? Vais-je pouvoir continuer à travailler ? Et qu'adviendra-t-il de mes enfants ? Seront-ils eux aussi atteints un jour par ma faute ? Une interminable succession d'interrogations vient alors bouleverser la vie de la personne à qui l'on vient d'annoncer un diagnostic de diabète.

Une autre considération, cependant, s'ajoute rapidement à cette situation d'insécurité, soit celle de l'appréhension de l'annonce de cette réalité soudaine au conjoint, à la conjointe. Comment la lui annoncer ? Quelle sera sa réaction ? La relation pourra-t-elle se poursuivre ou y a-t-il un risque de séparation ? Les voyages, les sorties au restaurant et les petites gâteries seront-ils encore possibles ? La stabilité amoureuse du couple sera-t-elle affectée par cette nouvelle réalité ? La vie familiale sera-t-elle bouleversée et complètement modifiée afin de se conformer aux recommandations de traitement ?

On le constate : l'impact du diabète est loin d'être seulement physique. Le choc psychologique du diagnostic est important, tant pour la personne diagnostiquée que pour les êtres chers qui vivent avec elle au quotidien. Cette nouvelle réalité qui impose des changements de style de vie n'est pas toujours facile à accepter. Nombreux sont les couples qui ne peuvent résister à ce que plusieurs considèrent comme un soudain « accident de parcours » de la vie.

Il suffit pourtant et avant tout de ne pas oublier que toute personne est un être humain avec ses caractéristiques et ses singularités. Le diabète est justement une de ces composantes personnelles qui nous différencient des autres. Vivre avec une personne atteinte de diabète, c'est d'abord tenter de comprendre ce qui se passe dans la vie de l'autre afin, par exemple, d'être mieux préparé aux épisodes d'hypoglycémies. Sans cette compréhension, la panique s'installe, les reproches inutiles et les croyances populaires prennent la place, et la tension monte. Une bonne compréhension du diabète permettra au contraire de mieux soutenir l'être cher et rapprochera les personnes au lieu de les éloigner.

Le présent ouvrage est une source de qualité à cet égard. Écrit par un spécialiste en la matière reconnu à l'échelle internationale, il constitue un outil de référence pour ceux et celles qui vivent avec une personne diabétique. Il apporte un éclairage compréhensible sur la réalité quotidienne de toute personne atteinte de diabète. J'ai si souvent rencontré des hommes et des femmes qui me disaient avoir une meilleure qualité de vie depuis qu'ils avaient modifié certaines habitudes pour en acquérir de nouvelles, qu'elles appréciaient désormais encore plus. Il est possible de vivre avec le diabète et de profiter pleinement de la vie. Mais pour ce faire, il faut comprendre cet invité qui est entré sans frapper à la porte pour s'annoncer. Les pages qui suivent sauront vous guider, j'en suis assuré, vers un itinéraire futur qui vous permettra de faire le choix sensé et formidable de devenir un peu plus des complices de vie.

Serge Langlois
Président-directeur général
Diabète Québec

introduction

La route entre fatalité et responsabilité

Mon premier contact avec le diabète sucré remonte à mes premières années d'études en médecine, en Europe, où je fus d'emblée fasciné par cette maladie aux multiples tentacules. Aujourd'hui, j'entretiens encore des liens étroits avec cette maladie non seulement dans mon travail et mes recherches cliniques et épidémiologiques, mais aussi dans ma pratique avec des milliers de personnes qui en sont atteintes et que je rencontre à l'hôpital ou en consultation externe.

Les nombreuses recherches auxquelles je participe avec des collègues de partout dans le monde sont autant d'occasions de rencontre avec des personnes atteintes de diabète. Ces rencontres nous font nous rendre compte d'une évidence : le diabète sucré n'épargne aucune population et aucun continent. En dépit des progrès, des connaissances accumulées et des avancées de la technologie encore inespérées, il y a une trentaine d'années, le diabète se répand dans le monde au même rythme que les grandes épidémies sournoises et silencieuses, et ce, pour toutes sortes de mauvaises raisons. Pensons à la popularité grandissante de l'alimentation rapide, grasse et sucrée, à la sédentarisation progressive de la population à l'échelle de la planète, sans oublier la forte prédisposition génétique de certaines populations à ce type de maladie.

L'avenir nous réserve de mauvaises surprises. Les chiffres sont sans appel et ne représentent probablement qu'une sous-estimation de la réalité. Le pré-diabète, nous en parlerons dans ce livre, est souvent oublié. Selon l'Organisation mondiale de la santé, les chiffres mentionnés doubleront d'ici quinze ans : près de deux millions de personnes, seulement au Québec, seront alors touchées par le diabète, en 2025 ! Et n'oublions pas les proches qui, eux aussi, vivent de près avec le diabète. La maladie rend le quotidien souvent difficile ; certaines personnes atteintes vivent dans un environnement où les risques foisonnent. Les complications associées au diabète peuvent certes être réduites grâce aux traitements, mais lorsqu'elles apparaissent... l'existence de la personne est définitivement empoisonnée. L'ampleur du phénomène nous amène tous à réfléchir à notre responsabilité, celle des médecins et des chercheurs, bien sûr, mais surtout celle des personnes atteintes et des gens qui les entourent.

Le diabète n'est pas une maladie des temps modernes. On en retrouve les manifestations dans les écrits datant de l'ancienne Égypte et dans ceux légués par les médecins de l'Inde, des millénaires avant Jésus Christ. Le mot diabète — qui signifie couler à travers — remonte à la civilisation gréco-romaine. On prétend même qu'Hippocrate (460-370 av. J.-C.), que plusieurs considèrent comme le père de la médecine, reconnaissait la présence du diabète par le nombre d'abeilles qui tournaient autour des personnes qui en étaient atteintes. À cette époque, son diagnostic était considéré comme fatal ; les jours des malades étaient comptés. Ce n'est qu'au XVIIe siècle qu'on a identifié précisément le diabète *mellitus,* ou sucré — comme si les urines des personnes atteintes étaient imprégnées de miel —, par opposition à d'autres formes comme le diabète salé ou le diabète insipide. Les recherches et découvertes se sont depuis multipliées.

À partir du XVIIIe siècle, les chercheurs constatent que les symptômes du diabète diminuent avec une baisse de la consommation de sucre, et donc que les personnes atteintes ont une certaine responsabilité relativement à leur alimentation. Ce n'est toutefois qu'au siècle suivant qu'on découvrira que le pancréas est l'organe responsable du contrôle du sucre. Ces précieux jalons dans la connaissance du fonctionnement du corps humain aboutiront en 1921 à la découverte de l'insuline par deux chercheurs de l'Université de Toronto. De nouvelles connaissances sont maintenant à la base de toute une technologie de pointe qui permet aux personnes atteintes de diabète de vivre presque normalement, tant sur le plan de la qualité de vie que sur celui de la longévité. Si on ne guérit pas du diabète, on sait maintenant qu'on peut bien

Les sortes de diabète

Il y a plusieurs sortes de diabète. Le plus répandu est le diabète sucré qui se manifeste par la forte présence de sucre dans le sang. Entre 5 et 10 % des diabètes sucrés sont de type 1, appelé aussi « juvénile ». Il frappe principalement les adolescents et les jeunes adultes. Près de 90 % sont de type 2, appelé aussi « diabète familial ou gras ». Le type 2 est diagnostiqué surtout à partir de 40 ans. Ces deux types de diabète forment la toile de fond de ce livre.

« vivre avec », et même longtemps. Il y va, cependant, d'un investissement personnel et d'un soutien médical et familial important qui sont loin d'être évidents pour tout un chacun.

En effet, les personnes atteintes de diabète que je rencontre n'ont pas toutes d'égales chances de vivre dans la normalité et la sérénité. Pour exprimer les choses autrement, disons qu'elles ne se donnent pas toutes cette chance. Les différents traitements du diabète sucré sont aujourd'hui d'une excellente efficacité, et je déborde d'optimisme lorsque mes patients prennent en main leur propre santé et suivent à la lettre les exigences du traitement. S'il est une maladie où la responsabilité du malade joue un rôle, c'est bien le diabète. On dit même souvent que, dans le cas de cette maladie, le patient est son meilleur médecin. La rigueur des contrôles de la glycémie, la régularité de la prise de la médication, une saine alimentation, un programme adéquat d'activités physiques sont autant de clés de succès où seule la personne atteinte peut intervenir pour son propre bénéfice. On le voit, sa motivation est capitale.

À notre époque où la démocratisation des soins de santé connaît des avancées importantes, on oublie parfois que l'accès à l'information, à la connaissance et aux services médicaux devrait aussi s'accompagner de devoirs et de responsabilités quant à l'utilisation qu'on en fait pour son propre bien-être. L'engagement envers sa santé n'appartient qu'à soi-même.

Comme toutes les maladies ou déficiences, le diabète bouscule la vie des personnes atteintes et on se doute que l'onde de choc de ce bouleversement se répercute dans leur entourage. Conjoints, conjointes, enfants et amis proches n'y échappent pas. Et c'est bien ainsi, car les meilleurs résultats du traitement viennent souvent du fait que le diabète fait partie de la famille et qu'il est passé, avec le temps, du statut d'intrus inacceptable à celui du colocataire difficile avec lequel on finit par trouver un terrain d'entente menant à une certaine qualité de vie.

Quand Bernard et Jeannine sont venus me voir, la première fois, j'ai été touché par leur complicité devant le diabète de Bernard. Ensemble, ils avaient ratissé toutes les sources d'information possibles sur le diabète, participé à des tables rondes, pris des cours de diététique pour comprendre les préceptes d'une alimentation saine. Le traitement est devenu pour eux un projet commun qu'ils ont assumé, le troisième côté de ce qui est devenu leur éternel triangle.

Jusqu'à quel point la personne atteinte de diabète peut-elle partager la responsabilité de sa santé avec son conjoint ou sa conjointe ? Voilà une question de fond. L'intensité des liens qui unissent les individus varie à l'infini ; il en va de même de l'engagement de chacun dans la situation que vit un proche. Une chose est sûre : connaître et comprendre les aléas de la maladie et les exigences de son traitement est une étape essentielle pour qui accompagne, au quotidien, une personne atteinte de diabète.

Ce livre vous propose donc de vous accompagner dans votre route et dans votre quête d'informations. Sa première partie, « Comprendre », vous aidera à mieux saisir le fonctionnement du corps humain et vous expliquera son dérapage quand le diabète s'installe, sous différentes formes, principalement les diabètes de type 1 et 2. La deuxième partie, « Aider au quotidien », vous fournira des pistes inspirantes qui, je l'espère, vous faciliteront la vie quotidienne, vous qui côtoyez le diabète jour après jour. Enfin, la troisième partie, « Agir en crise », vous proposera une approche à envisager et des actions à faire quand la vigilance prend du lest et que la situation se dégrade.

Il ne faut surtout pas prendre ombrage des rappels, nombreux et essentiels, qui seront faits quant à l'importance de la discipline, de la bonne alimentation et de l'exercice physique régulier. Ces notions sont au cœur de la vie avec le diabète. On ne saurait trop insister. Dans la même veine, on rappellera fréquemment les symptômes de la maladie pour mieux la prévenir.

Quatre patients, anonymes mais réels, ainsi que leurs proches, sortis au hasard de mes rencontres d'ici et d'ailleurs, vous accompagneront sur votre route. Quatre histoires différentes dans lesquelles vous reconnaîtrez tantôt le comportement de votre conjoint ou de votre conjointe, tantôt votre propre inquiétude. Je vous livre ces connaissances, qui ont fait une longue route depuis quelques millénaires, avec un espoir bien senti : celui de briser parfois l'isolement de la personne diabétique, parfois l'angoisse des proches qui la côtoient. Je le fais aussi pour offrir une base suffisante de connaissances, d'une part pour faire face de façon éclairée et responsable aux aléas de la maladie, mais surtout, d'autre part, pour mettre la table à une qualité de vie à laquelle nous aspirons tous.

Dr Jean-Marie Ékoé
Professeur titulaire de médecine
endocrinologie, métabolisme et nutrition
Faculté de médecine de l'Université
de Montréal, Québec, Canada

Les visages du diabète sucré — Quatre histoires

Les patients sont particuliers dans leur singularité et dans leurs différentes histoires. La plupart d'entre eux prennent courageusement leur destin en main quand on leur annonce qu'ils sont atteints de diabète. Plusieurs arrivent à mener une vie sereine qui fait peu de compromis à la qualité. Une chose est sûre : le rôle des proches en est toujours un de premier plan.

Raphaël et Laurence – Quand les rosiers s'en mêlent… *« Ce n'est pas normal que tu ne ressentes pas de douleurs quand tu te blesses comme ça en taillant les rosiers à mains nues », répète constamment Laurence à son mari.*

Raphaël a 57 ans. Il exerce le métier de jardinier depuis trente ans et ne rate aucune occasion de se vanter de farfouiller, sans protection ni gants, dans les broussailles et les arbustes épineux. Inquiète que cette absence de sensibilité soit l'indication d'un dérèglement interne important, Laurence finit par convaincre Raphaël de voir un médecin. Celui-ci diagnostique en premier lieu une certaine insensibilité à la douleur vive. Les tests sanguins révèlent par la suite que cette défaillance est l'œuvre d'un diabète de type 2. Le taux de sucre dans le sang de Raphaël est de 16 mmol/L, plusieurs fois au-dessus du taux normal de sucre dans le sang. Sans aucun symptôme autre que celui observé par Laurence, le diabète de Raphaël a déjà causé une grave complication : une atteinte des nerfs périphériques a entraîné non seulement une diminution de sensibilité au niveau des mains, mais aussi des pieds. Le médecin a également découvert que Raphaël souffre d'hypertension artérielle et l'hypercholestérolémie, des facteurs de risque fréquemment associés au diabète.

Les unités de mesure

Les mmol/L sont une unité de mesure qui indiquent la concentration d'une substance par litre de liquide. Dans le cas du diabète, ils mesurent la quantité de glucose par litre de sang. La normale se situe entre 4 et 6 mmol/L à jeun le matin. Au-dessus, on évoquera possiblement l'hyperglycémie, et en dessous, l'hypoglycémie

Bernard et Jeannine – Quand la vigilance prend du lest. « *Les crises d'hypoglycémie sont entrées dans notre vie comme un éclair dans un ciel sans nuages. Jusqu'où le conjoint peut-il aller pour aider, sans harceler, à prévenir les crises ?* »

Lorsque Jeannine et Bernard se marient, la situation est claire pour eux. Bernard, 41 ans, cadre dans une grande entreprise, est atteint depuis sa tendre enfance d'un diabète de type 1. Jeannine a rapidement compris les exigences quotidiennes de la maladie de son mari. Pour Bernard, le cycle des injections se répète : injections d'insuline rapide au moment des repas et injection basale avant le coucher. Des rituels comme celui de la mesure des glycémies capillaires, celui du calcul des glucides ingérés et celui de l'insuline à injecter, rythment de façon rigoureuse le cours de l'existence commune de ce couple.

Durant vingt ans, leur profond engagement à maîtriser ensemble les aléas de la maladie de Bernard leur a porté fruits. Les bilans de santé de Bernard ont révélé, au cours de toutes ces années, qu'aucun de ses organes n'avait été atteint. Avec de belles glycémies et des taux de sucre avoisinant les 6,2 mm/L, la maladie avait trouvé chez Bernard et Jeannine de redoutables adversaires. Une condition médicale qu'ils ont appris à maîtriser et qu'ils pensaient connaître à fond jusqu'à ce que survienne un premier épisode d'hypoglycémie majeure, suivi de près d'un deuxième encore plus sérieux... Leur vigilance a présenté des failles et la maladie en a profité pour faire des avancées. Comme des milliers de femmes dans sa situation, l'épouse attentionnée qu'est Jeannine doit maintenant faire face à des épisodes d'angoisse et de stress intense.

Rosalie – Vivre seule avec le diabète. Comment bien s'entourer? *« Il faut une bonne dose d'autonomie et de responsabilisation quand on vit seule avec le diabète et… l'insuline. J'ai développé quelques trucs et créé des liens avec des personnes qui me téléphonent aux heures critiques. »*

L'histoire de Rosalie est représentative de celle de milliers de gens qui vivent en solo et qui découvrent au tournant de la soixantaine que le diabète s'est installé, à leur insu, dans leur organisme depuis déjà quelque temps. C'est à 65 ans que Rosalie devra intégrer dans sa vie de tous les jours les exigences du traitement du diabète. Rosalie est en soi un modèle de vie bien réglée : une alimentation bien balancée, rarement excessive ; un poids qui joue dans les normales ; une passion pour la marche et les expéditions en montagne.

Des examens de routine, tous les ans, ont confirmé à Rosalie qu'elle avait une santé de fer malgré ses 65 ans. Jusqu'au jour fatidique où, au cours d'un de ces examens, l'analyse sanguine révèle un taux de sucre anormalement élevé à 8,9 mmol/L, alors que celui-ci a toujours gravité autour de la normale de 6 mmol/L. « Je ne me sens pas du tout malade, affirme-t-elle à son médecin qui est, lui-même, fort étonné du résultat de sa patiente. Ils conviennent tous les deux de refaire le test quinze jours plus tard. Les résultats sont encore plus nets. Le taux de sucre grimpe jusqu'à 9,7 mmol/L. Le diagnostic tombe : aucun doute, Rosalie, stupéfaite du résultat, est atteinte de diabète de type 2. Ses bonnes habitudes de vie lui seront d'un très grand secours lui permettant de mieux comprendre les exigences du traitement. Ce n'est que récemment que la progression de la maladie s'est fait sentir. Elle doit maintenant se donner des injections d'insuline. Rosalie vit seule depuis plusieurs années et elle n'a pas d'enfants. Au-delà d'un cercle familial restreint, elle a un petit réseau d'amis.

Y a-t-il plus de risques pour Rosalie du fait qu'elle vive seule? Lui faut-il se créer un réseau fiable pour être sûre d'avoir de l'aide en cas d'hypoglycémie?

Alexandre et Geneviève – La vie devant soi. « *Les premières pensées — et inquiétudes — qui me sont venues à l'esprit quand Alexandre m'a annoncé qu'il était atteint du diabète juvénile depuis quelques années sont allées vers les enfants que nous aurons peut-être un jour ensemble : hériteront-ils automatiquement de cette maladie ?* »

À 21 ans, Alexandre a toutes les apparences d'une personne en bonne santé jusqu'au jour où il est pris d'un grand malaise au cours d'une soirée passée avec des copains dans une boîte de nuit. Son état est si alarmant que ses amis décident de le conduire à l'urgence de l'hôpital. Les tests sanguins révèlent un taux de glycémie presque six fois plus élevé que la normale. Le médecin apprend qu'Alexandre a perdu du poids depuis les derniers mois, et qui plus est, il est assailli d'une soif intarissable, qu'il a mise sur le compte de la chaleur intense qui s'abat sur la ville en cette période estivale. Livreur de son métier, il transpire abondamment et peut ingurgiter jusqu'à quatre litres de liquide par jour. Il consomme des quantités phénoménales de Pepsi chaque jour. Il doit uriner pratiquement toutes les deux heures, et ce, jour et nuit. Les tests de glycémie parlent d'eux-mêmes : Alexandre est atteint du diabète de type 1.

Quand il a rencontré Geneviève, quelques années plus tard, ils se sont tous les deux sérieusement posé la question : « Pouvons-nous entrevoir le futur avec sérénité et intégrer la vie familiale de façon responsable dans nos plans d'avenir ? »

première partie
COMPRENDRE

« Imaginez ma réaction quand j'ai appris que Raphaël était diabétique ! Je voulais tout savoir sur cette maladie, d'où elle venait et comment elle avait pu s'immiscer jusqu'au bout de ses doigts de jardinier, et à notre insu, chez cet homme en bonne santé. »

Laurence, *Quand les rosiers s'en mêlent…*

Si la connaissance de la maladie n'est pas garante de la guérison, elle permet tout de même de comprendre et d'aborder les étapes avec moins d'anxiété et plus de confiance. Comprendre comment fonctionne le corps humain quand les mécanismes d'emmagasinage de glucides agissent normalement. Découvrir pourquoi et comment s'installent progressivement les défaillances. Et bien saisir la signification et les conséquences d'un diagnostic de diabète.

chapitre 1

Le mécanisme normal de régulation des glucides dans le corps humain

Il est fascinant de voir à quel point le corps humain reflète les comportements d'une usine robotisée et parfaitement synchronisée quand il fait face à l'assimilation des glucides — les « sucres » comme on les nomme habituellement —, qu'il ingère. Une machine rodée au quart de tour, dont chaque rouage connaît et exerce parfaitement son rôle. Et ce, évidemment, quand toutes ses pièces sont en bon état.

Observons comment le mécanisme d'assimilation des glucides fonctionne, par exemple, après un repas. Au menu, gigot d'agneau, pommes de terre, brocoli en sauce béchamel, et pour dessert, une clémentine : un repas tout ce qu'il y a de correct, sans excès. On comprend pourtant que beaucoup de glucides se présenteront à la porte d'entrée du corps humain sous la forme de féculents, de lait et de fruits. Les glucides sont des molécules composées de carbone, d'hydrogène et d'oxygène. Le lactose dans la béchamel, le fructose dans la clémentine, des sucres à assimilation lente dans les pommes de terre, voilà l'apport énergétique en sucres qu'offre ce menu. Les glucides sont essentiels à la vitalité du corps humain et devraient contribuer à la moitié de ses besoins en énergie.

L'emmagasinage des glucides : deux phases

L'ingestion de glucides déclenche automatiquement la production d'insuline, une hormone sécrétée par des cellules spécifiques, les cellules bêta, situées dans le pancréas. La sécrétion d'insuline se fait en deux temps : d'abord, une première réaction, instantanée et rapide, comme une poussée, qui dure environ dix minutes après avoir mangé ; ensuite, une deuxième réaction, plus lente, qui se prolonge pendant environ deux heures.

LES FLUCTUATIONS DU GLUCOSE ET DE L'INSULINE AU COURS D'UNE JOURNÉE TYPE[1]

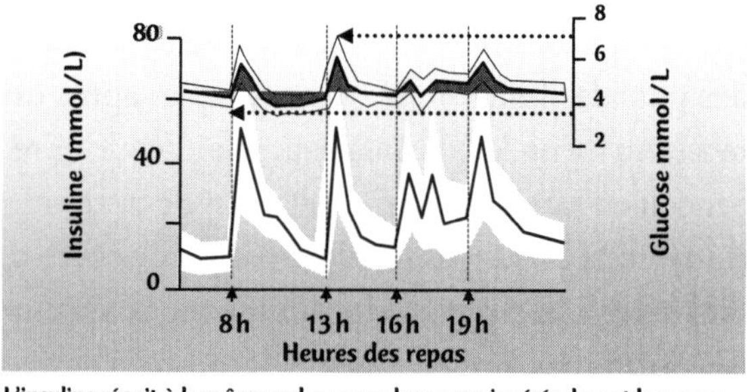

L'insuline réagit à la même cadence que les sucres ingérés durant les repas et des collations au cours de la journée.

1. Adapté de D. Owens, B. Zinman et G. Bolli, *Lancet*, n° 358, 2001, p. 739.

La situation est sans équivoque : la courbe de sécrétion d'insuline par ces cellules est presque parallèle à celle de l'absorption des glucides pour maintenir le sucre sanguin dans des limites normales, comme l'indique le schéma précédent. En d'autres termes, l'insuline est produite exactement dans les mêmes proportions que la quantité de sucres absorbée. Il s'agit là d'un mécanisme d'offre et de demande, parfaitement équilibré en situation normale, qui permet de maintenir un taux de sucre circulant qui ne dépasse pas un certain niveau dans le corps. Le taux normal de sucre est de 4-6 mmol/L à jeun et ne devrait pas dépasser 7.8 mmol/L lorsque mesuré au hasard d'une journée. En situation normale, l'harmonie est parfaite et le réglage minutieux.

À quoi sert l'insuline et quelles sont ses propriétés?

L'insuline est une hormone anabolique, c'est-à-dire qu'elle permet aux organes de se construire et de se développer. On pourrait la comparer à une clé qui ouvre la porte des cellules pour que le sucre puisse y pénétrer et se maintenir dans des limites normales. Les organes cibles particulièrement sensibles à l'action de l'insuline sont le foie, les muscles et le tissu adipeux, communément appelé « le gras ».

L'insuline permet de stocker dans le foie des réserves énergétiques sous forme de sucres, le glycogène, qu'on utilisera en cas de pénurie, par exemple en situation de jeûne. Ainsi, elle permet au corps de restaurer les organes et d'accumuler des graisses, une autre réserve énergétique. Elle permet aussi aux muscles non seulement de croître, mais de bien fonctionner en y accumulant de l'énergie sous forme de sucres facilement disponibles.

L'insuline a été découverte par une équipe de chercheurs de l'Université de Toronto en 1921-1922.

On le voit, l'insuline est une hormone extraordinaire qui permet à l'être humain d'avoir une vie active et normale.

Le rôle des cellules bêta dans la production d'insuline

S'il est un organe qui calque sa forme sur celle du corps humain, c'est bien le pancréas. Dans sa partie supérieure, qui lui tient lieu de tête, se tiennent les îlots de Langerhans, sortes d'archipels dans lesquels sont regroupées les cellules bêta. Ce sont elles qui réagissent fortement à l'absorption de glucides et qui sécrètent l'insuline.

Entre les repas et ce qu'on appelle les états de jeûne, comme durant le sommeil, la cellule bêta se tient tranquille, mais maintient quand même un certain niveau d'activité, une sécrétion de base ou production minimale d'insuline. La cellule bêta fonctionne en état de veille un peu comme un moteur d'automobile au point mort qu'on entend ronronner sans que la voiture bouge. Aussitôt qu'une certaine quantité de sucres est absorbée, le moteur qu'est la cellule bêta passe en première vitesse — c'est la phase 1,

LE PANCRÉAS ET LES ILÔTS DE LANGERHANS

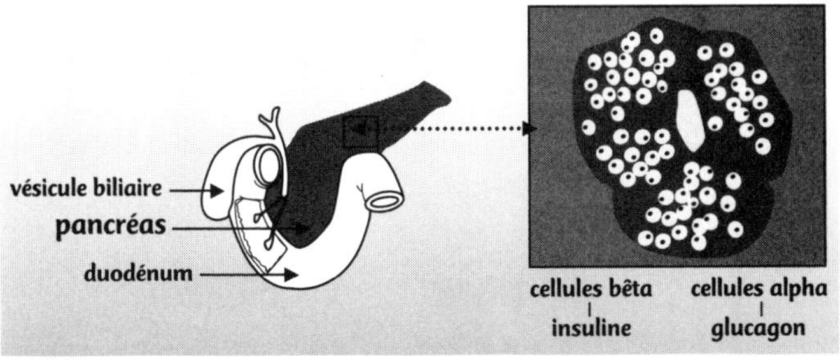

Les ilôts de Langerhans, où sont localisées les cellules alpha et bêta, sont situés en grande partie au niveau de la tête du pancréas. Les cellules alpha produisent le glucagon et les cellules bêta, l'insuline.

rapide et intense. Elle change ensuite de vitesse — c'est la phase 2 —, et s'y maintient pendant les deux heures que dure cette phase. À côté des cellules bêta se trouvent, en plus petite quantité, les cellules alpha qui, elles, sécrètent une autre hormone appelée le « glucagon ». Celui-ci fait exactement le contraire de l'insuline : il augmente le niveau circulant du sucre dans le sang en allant puiser le glycogène, les réserves de sucre dans le foie. Pour maintenir une harmonie afin que le sucre sanguin ne dépasse jamais les limites permises, l'intelligente cellule bêta surveille les mouvements de la cellule alpha. Cette surveillance se manifeste par le fait que l'insuline, sécrétée par la cellule bêta, empêche la cellule alpha de sécréter du glucagon, qui ferait augmenter le sucre sanguin en allant puiser dans les réserves de sucre qui se trouvent dans le foie. Dans ce duo, la cellule bêta dicte la loi à la cellule alpha qui obéit à ses ordres tant que la cellule bêta est capable de montrer sa force de sécrétion d'insuline.

chapitre 2

Dysfonction de l'offre et de la demande : quand les choses se gâtent

Aussitôt qu'un des maillons de la chaîne de régulation des glucides dérape ou s'affaiblit, l'harmonie disparaît entre les deux courbes, celle du taux sanguin de sucre et celle de l'insuline. Au lieu d'être parallèles, elles se croisent. Le maître d'œuvre de cette harmonie, c'est l'insuline. Dès que celle-ci montre des signes de faiblesse, l'harmonie est rompue, et c'est le divorce : l'insuline et le sucre sanguin adoptent des courbes différentes. La courbe de sécrétion d'insuline baisse et le taux sanguin du sucre commence à monter. Le chat parti, les souris dansent, et c'est là que la cellule alpha, en l'absence de la surveillance assidue de l'insuline, se met à sécréter des quantités importantes de glucagon qui contribuent à augmenter le niveau du sucre sanguin en sollicitant celui stocké dans le foie. Cela provoque alors un réel déséquilibre auquel le corps humain ne peut résister que jusqu'à un certain point. Ces phénomènes peuvent s'étaler sur une longue période sans que les personnes concernées s'en rendent compte. Mais, à un moment donné, le corps cède et les muscles lâchent : les symptômes du diabète apparaissent et la maladie s'installe de façon manifeste.

Le diabète sous toutes ses coutures

La « dysglycémie » est le terme générique de la pathologie. Comme le préfixe *dys* l'indique, la glycémie pose problème. Le diabète, qu'on appelle communément diabète sucré présente une hyperglycémie chronique caractérisée par un taux de sucre trop élevé résultant d'un déficit dans la production d'insuline, et de ce fait, d'une mauvaise assimilation des sucres dans le corps. La maladie se présente sous deux principales formes : le diabète de type 1 et celui de type 2.

Le diabète sucré de type 1, dit juvénile ou maigre

Ce type de diabète atteint principalement les jeunes. En effet, la plus forte prévalence des symptômes apparaît au début de l'adolescence. Les cellules bêta, logées dans le pancréas et qui produisent l'insuline, sont progressivement détruites. Ce phénomène serait probablement causé par une inflammation du pancréas appelée « insulinite ». Celle-ci provoque l'arrêt de la sécrétion d'insuline et la fin de l'assimilation normale des sucres par les organes cibles. Dans la majorité des cas, on observe chez la personne atteinte une importante maigreur et un poids

Un peu d'histoire

L'histoire du diabète est vieille comme le monde. Les premiers traités de médecine en font déjà état au Vᵉ siècle av. J.-C. Le mot diabète vient du grec diabêtès, qui signifie « couler à travers ». Il s'inspire également du terme latin mellitus qui signifie « doux, sucré ». Les médecins de l'époque avaient effectivement noté que les gens atteints de cette maladie présentaient la caractéristique commune de perdre quelque chose en grande quantité. On avait noté, par exemple, qu'ils urinaient très souvent, et que leurs urines, riches en sucre, attiraient les fourmis. Cela nous ramène à une époque éloignée où on diagnostiquait le diabète en goûtant les urines des patients ! Il faut dire que la maladie était probablement beaucoup moins répandue qu'elle ne l'est aujourd'hui.

qui se situe nettement en bas de la normale. Environ 5 à 10 % des diabètes sucrés diagnostiqués sont de cette catégorie.

Contrairement à une certaine croyance, on ne naît pas nécessairement avec le diabète de type 1, mais le corps des personnes atteintes présente toujours une certaine prédisposition génétique à la maladie. Les symptômes peuvent apparaître dès la naissance pour certaines, ou beaucoup plus tard pour d'autres. La majorité des cas sont diagnostiqués chez des jeunes âgés de 10 à 14 ans.

L'hypothèse la plus souvent évoquée est celle d'une agression, probablement d'origine virale, qui causerait une insulinite, une inflammation, comme nous l'avons déjà souligné, qui s'attaque aux cellules bêta de la personne malade et les fait totalement disparaître. Leur disparition entraîne une absence complète de sécrétion de la précieuse insuline nécessaire à la régulation des sucres dans les organes.

Le taux de sucre sanguin élevé résulte de la déficience en insuline qui entraîne des taux élevés de glucagon. Rappelons que cette hormone fait monter la glycémie, le taux de sucre sanguin. Le corps entier en est malheureusement imprégné, et ce trop-plein de sucre doit s'éliminer d'une façon ou d'une autre. L'organisme choisit de s'en débarrasser en partie dans les urines, d'où l'abondance et la fréquence élevées du besoin

Alexandre — Diabète de type 1 diagnostiqué à l'âge de 21 ans

Alexandre est au cœur d'une des quatre histoires présentées dans l'introduction de cet ouvrage. Son état est typique de ce qu'on appelle le diabète juvénile ou diabète de type 1. Il présente tout au plus quelques signes avant-coureurs, qui ne sont pas alarmants en soi, comme un amaigrissement, une soif intense et de la fatigue. Puis, tout à coup, la crise brutale.

d'uriner. La personne atteinte perdra beaucoup de poids, car l'insuline manquante, ne protégeant plus les muscles et le gras, sera responsable de la fonte musculaire et graisseuse. Ainsi, l'énergie nécessaire pour assurer la vitalité des muscles et des tissus adipeux se perdra inutilement dans les urines. Ce phénomène se nomme « glycosurie », c'est-à-dire présence anormalement élevée de sucre dans les urines.

Quand le taux de sucre monte, les symptômes apparaissent brutalement, comme dans le cas d'Alexandre. Le corps résiste pendant un certain temps à la hausse du taux de sucre jusqu'à ce que tout lâche, souvent brutalement. Le malade se sent vraiment très mal et il ressent un besoin urgent de consulter un médecin. Il se rend d'emblée à l'urgence la plus proche.

Caractéristiques de la personne atteinte de diabète de type 1

- Apparition de la maladie surtout chez des jeunes âgés de 10 à 14 ans, mais elle peut être diagnostiquée à tout âge.
- Soif intense.
- Envie fréquente d'uriner.
- Atteinte de l'état général : perte de poids, manque d'appétit, nausées et parfois vomissements, douleurs au ventre, somnolence, troubles de la concentration, vision trouble.
- Apparition souvent subite des symptômes.
- Absence totale d'insuline

Le diabète sucré de type 2, dit familial ou gras

Ce type de diabète touche principalement les gens qui ont franchi la quarantaine et chez qui on observe généralement une surcharge pondérale. L'insuline produite par les cellules bêta n'est pas suffisante et les organes cibles, que sont le foie, les muscles et le tissu adipeux, résistent à la captation du glucose. Avec l'obésité qui s'accroît d'année en année chez les jeunes, on note que le diabète de type 2 apparaît de plus en plus tôt. Toutefois, la maladie est fortement associée au vieillissement si bien que le pourcentage de personnes atteintes de diabète augmente de façon exponentielle à partir de l'âge de 40 ans. Près de 90 % des diabètes sucrés diagnostiqués sont de type 2.

Le diabète qui afflige Rosalie est de type 2, communément appelé « diabète sucré de l'adulte ou diabète familial ». Il a comme points d'ancrage trois principaux phénomènes qui vont faciliter son apparition : un problème de fonctionnement de sécrétion d'insuline, une résistance des tissus à l'absorption de l'insuline et un trouble du système digestif. Ce sont là les trois défauts de la pathophysiologie du diabète de type 2.

LES CAUSES DE L'EXCÈS DE SUCRE DANS LE SANG AVEC LE DIABÈTE DE TYPE 2

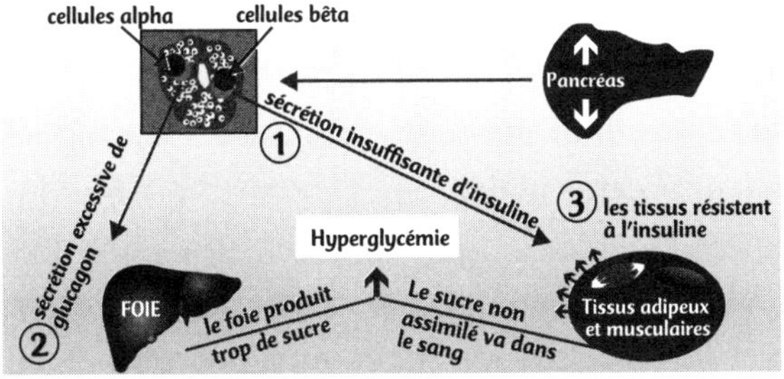

La déficience de l'insuline produite par les cellules bêta entraîne une sécrétion excessive de glucagon par les cellules alpha. Le glucagon stimule le foie à produire plus de glucose qu'il ne faut, augmentant encore plus le glucose sanguin, ce qui provoque l'hyperglycémie.

Rosalie — diabète de type 2 diagnostiqué à l'âge de 65 ans

Une belle force de la nature, cette Rosalie dont l'histoire nous est brièvement présentée en introduction. Sportive et alerte, elle adore les randonnées en montagne et la vie active. Mais cela n'a pas empêché la maladie de s'immiscer dans sa vie. Ce n'est toutefois qu'à l'âge de 65 ans qu'un diabète a été diagnostiqué, presque par hasard, au cours d'un examen de routine. Elle ne présentait aucun symptôme apparent de la maladie.

Trois défauts de la pathophysiologie du diabète de type 2

1. Une dysfonction dans la sécrétion d'insuline

La première phase d'activité des cellules bêta n'existe plus. Concrètement, quand Rosalie prend un repas, si léger soit-il, le pancréas ne produit plus une première poussée d'insuline, forte et rapide, pour inviter les différents organes à s'ouvrir au glucose. De plus, la deuxième phase manque d'intensité. La sécrétion d'insuline est insuffisante pour ouvrir complètement les organes cibles. La porte des cellules ne s'ouvrant pas assez, le sucre n'y pénètre que partiellement, et ce, avec beaucoup de difficulté. Clé rouillée, mal adaptée, une mauvaise clé. Résultat : le sucre des aliments absorbés ne s'oriente pas aux bons endroits et se répand dans le sang en quantités anormales.

L'absence de la phase 1 d'activité de la sécrétion de l'insuline suivie d'une deuxième phase peu vigoureuse est la caractéristique d'une cellule bêta dysfonctionnelle dans le diabète de type 2. Des facteurs génétiques entrent d'abord, et fort probablement, en jeu, mais d'autres causes sont d'ordre métabolique. La cellule bêta ne peut fonctionner normalement dans un milieu hyperglycémique chargé d'acides gras libres, comme c'est le cas chez les personnes atteintes de diabète de type 2.

2. La résistance tissulaire à l'action de l'insuline

Dans une situation normale, les tissus périphériques des organes cibles ont une bonne sensibilité à l'insuline et acceptent normalement d'ouvrir la porte au glucose pour qu'il puisse pénétrer dans les muscles, le tissu adipeux et le foie. Dans le diabète de type 2, c'est comme si une clé rouillée n'ouvrait que partiellement la porte d'entrée des tissus périphériques pour que le glucose puisse y pénétrer. La quantité d'insuline n'est pas suffisante, et en plus, la porte d'entrée oppose des résistances : cela s'appelle la résistance tissulaire à l'insuline. La sensibilité des tissus de l'organisme à l'insuline est passablement amoindrie.

Il semble que la résistance tissulaire se manifeste de façon précoce dans l'apparition du diabète.

Il semble que la résistance tissulaire se manifeste de façon précoce dans l'apparition du diabète. La cellule bêta réagit en produisant beaucoup d'insuline, comme si elle compensait — et ce, par étapes — pour assurer une poussée d'insuline plus forte. La personne atteinte ne présente pas tout de suite de symptômes de la maladie. Pour illustrer ce fonctionnement, imaginons que quelqu'un pousse une charge très lourde dans une pente ascendante. Il lui faut beaucoup d'énergie pour maintenir cette charge en place et la mener jusqu'en haut. Ainsi, parce que la pression est trop forte, la cellule bêta ne peut plus supporter la charge, et les muscles lâchent. Cela n'est pas sans rappeler Sisyphe — dont le mythe a été repris par Albert Camus — condamné à pousser jusqu'au sommet d'une montagne un rocher qui roule inéluctablement vers la vallée. Et ce, jusqu'à épuisement de sa peine.

Ces deux phénomènes, la résistance tissulaire et la sécrétion d'insuline, sont intimement liés dans le déclenchement du diabète de type 2.

3. La production excessive de sucre par le foie

Au tout début du XXe siècle, on a pensé que le diabète avait comme source un défaut du tube digestif.

Rappelons ici le tandem bien rodé que forment les cellules bêta et alpha. Quand la première exerce bien son rôle de sécrétion d'insuline, la seconde limite au minimum sa sécrétion de glucagon. Aussitôt que la cellule bêta est déficiente, la cellule alpha se met à produire de grandes quantités de glucagon. Celui-ci est alors absorbé par le foie qui est, à son tour, stimulé à produire en surabondance du glucose qui se déverse directement dans le sang. Réaction en chaîne qui provoque inévitablement une situation d'hyperglycémie.

Au tout début du XXe siècle, on a pensé que le diabète avait comme source un défaut du tube digestif. C'était une très vieille hypothèse qui datait de 1906, bien avant la découverte de l'insuline. On soupçonnait qu'il y avait une substance dans l'intestin qui pouvait inciter les cellules bêta à sécréter une hormone s'apparentant à l'insuline. Différentes méthodes ont été utilisées pour vérifier ces croyances, notamment celle d'écraser des morceaux d'intestins d'animaux pour en extraire ladite substance. Toutes ces expériences et recherches ont récemment démontré, chez les personnes atteintes de diabète de type 2, un déficit d'une substance intestinale appelée « incrétine digestive » qui stimule normalement la cellule bêta à sécréter de l'insuline. Cette substance — le glucagon-like peptide 1 ou GLP-1 — ressemble au glucagon du point de vue de sa structure biochimique sans en partager les propriétés. Elle est fabriquée par des cellules du gros intestin au niveau de l'iléon et du colon. Chez les personnes atteintes de diabète de type 2, le GLP-1 est déficient, ce qui provoque une insuffisance de sécrétion d'insuline par les cellules bêta. Comme ces dernières sont moins nombreuses à agir comme chiens de garde des cellules alpha, ces dernières sont stimulées à produire davantage de glucagon qui stimule lui-même le foie à produire du glucose. C'est ainsi que des quantités excessives de sucre se déversent dans le sang et font grimper indûment le taux de glycémie.

De nouveaux médicaments découverts au cours de la dernière décennie permettent aujourd'hui de parer à cette déficience. Certains ont fait leur entrée chez nous en 2008, mais ils ne sont pas tous offerts au Canada et au Québec. Ils laissent cependant entrevoir de nouvelles possibilités prometteuses dans le traitement du diabète de type 2.

Le principe d'action de ces médicaments est basé sur l'augmentation des concentrations du

GLP-1 dans l'organisme soit en inhibant la dégradation du GLP-1 par une enzyme appelée « dipeptidylpeptidase-4 (DPP-4) », soit en donnant du GLP-1 sous forme d'injections. Les comprimés sont appelés « inhibiteurs de la DDP-4 » et les injections sous-cutanées « agonistes du récepteur du GLP-1 ». La première catégorie de ces médicaments est en vente au Canada. Un premier agoniste injectable vient de faire son apparition sur le marché canadien. Il sera toujours très utile de discuter avec les professionnels de la santé pour en savoir plus sur ces nouvelles découvertes.

Caractéristiques des personnes atteintes de diabète de type 2

- En général, apparition des symptômes après 40 ans.
- Le développement de la maladie se fait lentement et souvent à bas bruit.
- 30 à 50 % des personnes atteintes ignorent leur condition.
- Le poids de la personne atteinte est habituellement plus élevé que la normale. Une personne obèse n'est pas nécessairement diabétique, mais une personne diabétique souffre presque toujours d'embonpoint.
- Les personnes atteintes ont en général une histoire familiale de diabète.

Deux formes moins courantes de diabète sucré

1. Le diabète gestationnel

Cette forme de diabète apparaît durant la grossesse et peut disparaître avec elle. On parle donc ici d'une dysfonction temporaire. Chaque grossesse est diabétogénique, c'est-à-dire qu'elle comporte un risque favorable à l'apparition du diabète. Pourquoi ? Parce que tout changement profond dans le métabolisme fragilise et affecte le travail des cellules bêta. Cette situation est particulièrement présente chez la femme enceinte. C'est pour cela qu'on fait toujours subir un test de dépistage du diabète entre la 28e et la 32e semaine. Ce qu'il faut retenir, c'est que le diabète gestationnel prédispose à un diabète futur et comporte en soi un facteur de risque pour l'avenir.

2. Le diabète secondaire

Ce type de diabète est relié à un événement ou à un accident qui donne lieu à l'apparition des symptômes du diabète. C'est parfois le cas à la suite d'une prise de médicament, comme la cortisone par exemple, ou d'une chimiothérapie. Cela peut aussi survenir après un accident à la suite duquel on doit procéder à l'ablation du pancréas. Cette intervention met évidemment fin à la sécrétion d'insuline et ouvre automatiquement la porte au diabète de type pancréatoprive. La malnutrition amène elle aussi des cas de diabète secondaire. Si la cellule bêta ne supporte pas l'excès, on remarque qu'elle n'apprécie guère le manque. En l'absence de protéines et de calories suffisantes, la sécrétion de l'insuline baisse et provoque dans tous les cas une déficience dans l'assimilation des glucides par les organes vitaux que sont les muscles et les graisses.

chapitre 3

Quand tombe le diagnostic

ALEXANDRE

Alexandre – La vie devant soi. « *J'ai été littéralement foudroyé par ce diagnostic de diabète de type 1. Je ne connais personne dans ma famille qui en est atteint. Rien ne pouvait, dans mon esprit, relier cette maladie avec le fait que je ne me sentais pas bien pendant les quelques semaines précédant la crise qui m'a pris au dépourvu.* »

Les manifestations du diabète de type 1 sont sans équivoque. Les symptômes sont fortement évocateurs et lancent des signaux de détresse auxquels la famille ou les amis proches ne peuvent rester indifférents. Ces signes sont :

- une vision un peu trouble ;
- une soif intense ;
- le besoin d'uriner très fréquemment ;
- une perte de poids importante ;
- un taux de glycémie très élevé, révélé par l'analyse sanguine.

Les symptômes ne sont pas toujours brutaux, comme dans le cas d'Alexandre qui souffre de diabète de type 1. Mais la présence de la maladie

Le diabète de type 2 se comporte de façon bien différente. C'est une maladie silencieuse, qu'on qualifie à regret d'« hypocrite ».

se fait toujours sentir : la masse musculaire perd de l'étoffe, l'envie d'uriner est constante et divers maux font surface. On n'est pas bien dans sa peau, quoi ! Et on sent un besoin pressant de faire un bilan de santé… qui révèle malheureusement que le taux de glycémie est anormalement élevé.

Le diabète de type 2 se comporte de façon bien différente. C'est une maladie silencieuse, qu'on qualifie à regret d'« hypocrite ». Les manifestations cliniques ne sont pas aussi dramatiques et explicites que dans le cas d'un diabète de type 1 à moins qu'un facteur externe n'intervienne, un accident ou une maladie, par exemple. On découvre souvent par hasard le diabète de type 2. Rosalie, par exemple, aurait pu consulter son médecin pour une grippe devenue mauvaise à cause d'un état de santé fragilisé par son état diabétique. C'est pourtant un examen de routine qui a conduit Rosalie au bureau du médecin, et ses tests sanguins ont démontré une glycémie élevée. En général, on reconnaît les symptômes du diabète de type 2 quand on constate que les personnes atteintes mangent beaucoup (30 % des cas) — c'est ce qu'on appelle la « polyphagie » —, boivent beaucoup (la « polydipsie ») et urinent beaucoup (la « polyurie »). Ces personnes peuvent avoir des infections cutanées et urogénitales. Chez la femme, ce sont des cystites ou d'autres infections urinaires. Chez l'homme, des inflammations du gland, appelées « balanites », peuvent sonner l'alarme.

Le corps s'imprègne alors anormalement de sucre et devient un terrain fertile pour que s'installe une colonie d'infections microbiennes ou fongiques, dans la bouche, les oreilles, les organes génitaux ou sous les seins. La tentation est forte de consulter un dermatologue, ce que plusieurs font sans trouver la solution à leur problème alors que c'est leur niveau de sucre qui est trop élevé.

Les tests de glycémie parlent d'eux-mêmes : diagnostics du diabète sucré

Le diagnostic du diabète, que ce soit de type 1 ou 2, se fait de façon irréversible et non équivoque par la mesure du niveau de sucre dans le sang. Les critères extrêmement précis sont basés sur quatre mesures du taux de glycémie dans le corps : à jeun, à un autre moment de la journée, après une surcharge de glucose et avec une moyenne calculée sur les trois derniers mois.

Tests de dépistage du diabète

Tests de dépistage du diabète	
Test de glycémie à jeun	Glycémie égale ou supérieure à 7 mmol/L
Test de glycémie à toute heure du jour	Glycémie égale ou supérieure à 11,1 mmol/L, avec ou sans symptômes
Test d'hyperglycémie provoquée	Glycémie égale ou supérieure à 11,1 mmol/L 2 heures après ingestion du glucose.
Test d'hémoglobine glyquée ou glycosylée	Supérieur à 0,060, qui représente une moyenne des taux de sucre dans le sang chez une personne au cours des trois derniers mois. Accepté uniquement par l'Association américaine du diabète.

1. Test de glycémie à jeun

Rappelons que le taux normal de sucre dans le sang se situe entre 4 et 6 mmol/L pour une personne à jeun. Si le taux de glycémie est plus élevé ou égal à 7 mmol/L à jeun le matin, et cela, à deux reprises et à des jours différents, un diagnostic de diabète sucré sera posé.

DIAGNOSTIC DU DIABÈTE
À L'AIDE DE LA GLYCÉMIE À JEUN

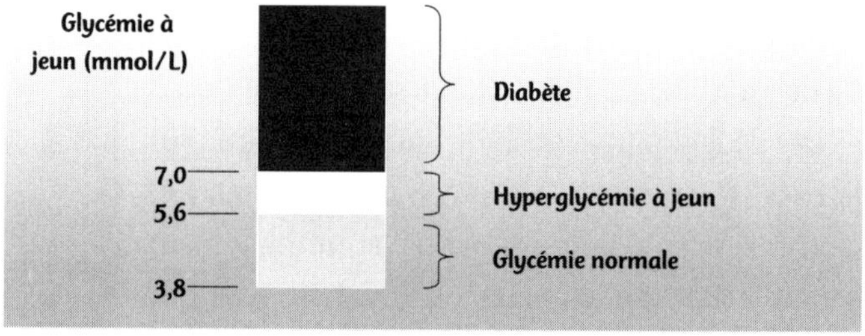

Le taux de glycémie aide à poser un diagnostic de diabète sucré de type 2 quand il est égal ou supérieur à 7 mmol/L à deux reprises chez une personne à jeun.

2. Test de glycémie à toute heure du jour

Un taux de glycémie égal ou supérieur à 11 mmol/L, à n'importe quel moment de la journée et sans égard au fait d'être à jeun ou pas, entraîne un diagnostic de diabète sucré. Pour plus de sécurité, le test doit être effectué une deuxième fois. Le médecin décidera du diagnostic en procédant, s'il y a lieu, à d'autres tests.

3. Test d'hyperglycémie provoquée

Quand, après ingestion par la bouche de 75 g d'une substance très sucrée de glucose, le résultat est égal ou supérieur à 11,1 mmol/L après deux heures, le diagnostic est clair : on est en présence du diabète sucré. La personne doit être à jeun avant de passer ce test d'hyperglycémie provoquée. Les deux tests précédents pourraient présenter des résultats normaux alors que ceux du test d'hyperglycémie provoquée donneraient le signal que la cellule bêta a baissé la garde et qu'elle ne suffit plus à diriger tout le sucre à l'intérieur des organes. Celui-ci déborde des cibles normales, l'assimilation se fait péniblement et on en retrouve dans le sang un taux anormalement élevé de sucre.

Les recherches démontrent que deux heures après le test d'hyperglycémie provoquée, le taux d'insuline grimpe en flèche. En fait, la cellule bêta se bat pour pouvoir abaisser le taux de sucre, mais c'est comme si elle n'avait pas la bonne clé. Elle sécrète trop d'insuline, mais elle n'est pas efficace. Elle exagère tellement qu'elle ne peut plus rien faire du tout.

4. Test d'hémoglobine glyquée ou glycosylée

Les tests qu'on vient de présenter mesurent le taux de sucre à un moment précis. Ce sont des coups de sonde dont le résultat peut varier d'une heure à l'autre. Parfois, il devient nécessaire de vérifier si une personne a été imprégnée de sucre pendant une longue période. Dans ce but, on fait appel à un autre examen qui établit la moyenne du taux de sucre d'une personne au cours des trois derniers mois : c'est le test d'hémoglobine glyquée, une mesure sanguine qui nous dit à l'instant présent quelle a été la moyenne du taux de sucre. Les résultats notés par les patients dans leur carnet de mesure quotidienne des taux ne sont pas toujours le reflet de la réalité. Le test d'hémoglobine glyquée permet de dissiper les doutes et donne une réponse vraie. L'Association américaine de diabète le recommande comme test de dépistage et de diagnostic du diabète. Mais la standardisation des tests fait encore défaut.

Il faut se rappeler qu'il y a toujours des variations dans le taux de sucre d'une personne, mais elles sont beaucoup plus anarchiques quand celle-ci est diabétique. Chez une personne normale, ces variations se font dans des limites acceptables.

chapitre 4

Le pré-diabète : avant que n'émerge la pointe de l'iceberg

RAPHAËL

Raphaël – Quand les rosiers s'en mêlent… *« Je suis entré dans le bureau du médecin sans symptômes apparents de maladie, et voilà que j'en ressors avec d'inquiétantes menaces pour ma santé. J'étais loin de me douter que, pendant tout ce temps, peut-être des mois ou même des années, j'étais, sans le savoir, en train de devenir diabétique. »*

Plusieurs patients et leurs proches reconnaîtront ce commentaire maintes fois entendu lors d'une visite de routine chez le médecin qui a posé un diagnostic de diabète ou de pré-diabète. Le diabète fait une longue route, sournoise et souvent dévastatrice, avant que n'apparaissent les premiers symptômes. La question qui vient à l'esprit est évidente : peut-on en détecter la présence à ses débuts, en contrôler l'évolution et en prévenir les effets dévastateurs ?

L'Organisation mondiale de la santé a, la première, utilisé le terme « pré-diabète » pour désigner l'état

L'Organisation mondiale de la santé a, la première, utilisé le terme « pré-diabète » pour désigner l'état d'une personne avant qu'un diagnostic de diabète soit posé.

d'une personne avant qu'un diagnostic de diabète soit posé. Puis, la définition de cet état s'est élargie pour décrire les personnes qui présentent un risque élevé de développer un diabète sucré de type 2 à plus ou moins long terme. Les chercheurs ont notamment découvert que des antécédents familiaux en sont souvent responsables particulièrement chez les personnes qui présentent une certaine glycémie anormale, révélée par des tests de glycémie à jeun à la frontière de la normalité. Le pré-diabète se définit par deux entités précises :

1. La glycémie à jeun est marginalement élevée (entre 5,6 et 6,9 mmol/L).
2. Un test d'hyperglycémie provoquée (deux heures après ingestion orale de 75 g de glucose) révèle une intolérance au glucose, avec une glycémie mesurée entre 7,8 et 11,1 mmol/L.

Les estimations de la prévalence du pré-diabète au Québec sont époustouflantes et nous laissent sans voix. Des études épidémiologiques ont en effet démontré que sa prévalence était plus élevée que celle du diabète sucré. On estime que 900 000 personnes seraient en pré-diabète alors qu'entre 500 000 et 700 000 autres seraient atteintes d'un diabète diagnostiqué (environ 500 000 personnes) ou non diagnostiqué (approximativement 200 000 personnes). Aux États-Unis, on estime que 41 millions de personnes auraient un pré-diabète alors que le diabète sucré en atteindrait environ 22 millions. En Chine, une étude récente révèle que ce pays comptait, en

2007-2008, 92,4 millions de personnes atteintes de diabète et 148 millions de pré-diabète.

Ces préoccupations sont à leur zénith dans les milieux de la recherche. En 2005, un premier congrès international sur le pré-diabète a rassemblé à Berlin 2 500 chercheurs et cliniciens de 85 pays pour faire le point sur ce qu'on appelle le « syndrome métabolique », c'est-à-dire la prédisposition du corps humain à développer un diabète de type 2, révélée par un certain nombre de facteurs de risque, notamment l'obésité abdominale, l'hypertension, la dyslipémie (mauvais gras élevé, surtout les triglycérides), la résistance à l'insuline et l'intolérance au glucose. Les retombées positives de ce premier congrès international ont suscité beaucoup d'intérêt et d'espoir et encouragé la tenue de rassemblements du même type à Barcelone, en 2007, et à Nice en 2008. Ce groupe de chercheurs et de cliniciens se réunit désormais tous les ans et rassemble un nombre toujours grandissant de participants à travers le monde.

Le pré-diabète : la porte d'entrée de la maladie

Comme l'indique son appellation, le pré-diabète précède le diagnostic de diabète sucré. Il est non seulement le vestibule du diabète sucré de type 2, mais aussi un important facteur de risque de maladies cardiovasculaires plus élevé que celui de la population en général. Il est impossible de connaître la longueur de cet état

Une situation de plus en plus inquiétante

L'inquiétude dans les milieux de la santé grandit avec le spectre de l'avenir. On craint que la maladie se développe à une vitesse débridée et qu'elle atteigne des proportions épidémiques. En réalité, les prévisions pour 2030 sont déjà atteintes en Amérique du Nord et dans certains pays asiatiques comme la Chine. Les raisons en sont fort simples : le vieillissement de la population — et des cellules bêta qui prennent aussi de l'âge chez l'individu vieillissant — ; la sédentarisation et le manque d'exercice physique ; l'alimentation qui perd du galon avec la forte consommation de produits alimentaires de masse. Voilà autant d'éléments qui feront grimper en flèche les courbes de pré-diabète dans les prochaines années. L'évolution de l'« épidémie » du diabète est parallèle à celle de l'obésité, comme l'ont démontré des études prospectives aux États-Unis.

préliminaire à partir du moment où il apparaît dans le corps et le moment où le diabète est diagnostiqué. Le problème réside dans le fait que cette première phase est toujours asymptomatique et qu'elle n'est accompagnée d'aucun signe prémonitoire ou évocateur d'un diabète cliniquement établi ou manifeste. Toutefois, une condition physique précaire, comme une fatigue inexpliquée ou un excès important de poids, incitera le médecin à investiguer pour déterminer s'il y a effectivement dérèglement métabolique et si le pré-diabète en est la cause. Des signes d'hypertension, une histoire familiale de diabète ou une histoire personnelle de maladie cardiovasculaire viendront ajouter aux facteurs d'inquiétude.

La perfidie du pré-diabète réside dans le fait que, tout au long de son développement dans le corps humain, il prépare le terrain à d'énormes ravages, notamment sur le plan des maladies cardiovasculaires, sans que les personnes concernées s'en rendent compte.

Quand le métabolisme du glucose est normal, le pancréas sécrète l'insuline de façon équilibrée en fonction des aliments qu'on mange et les organes cibles les absorbent normalement. À partir du moment où les tissus de ces organes commencent à résister à l'insuline, les cellules bêta s'activent de plus belle pour compenser ce déséquilibre. La sécrétion d'insuline grimpe en flèche. On verra, dans certains cas, apparaître les premières déficiences du réseau cardiovasculaire. La résistance à l'insuline va par la suite se poursuivre ; le pancréas, épuisé, commencera à réduire sa production d'insuline et le développement des angiopathies, c'est-à-dire les maladies des gros et des petits vaisseaux sanguins, gagnera du terrain.

Quand tombe le diagnostic de diabète de type 2, les dommages sont souvent manifestes. Comme l'indique le schéma, les problèmes cardiovasculaires et les angiopathies apparaissent bien avant le diagnostic. La machine s'emballe à l'insu de la personne atteinte, et ce, parfois depuis longtemps. Il est alors impossible de revenir en arrière. Par contre, il existe une possibilité de stabiliser les choses et d'avoir une vie « normale » en faisant appel à un traitement agressif, comme on le verra plus loin.

LE DIABÈTE DE TYPE 2 :
UNE LONGUE ROUTE AVANT LE DIAGNOSTIC

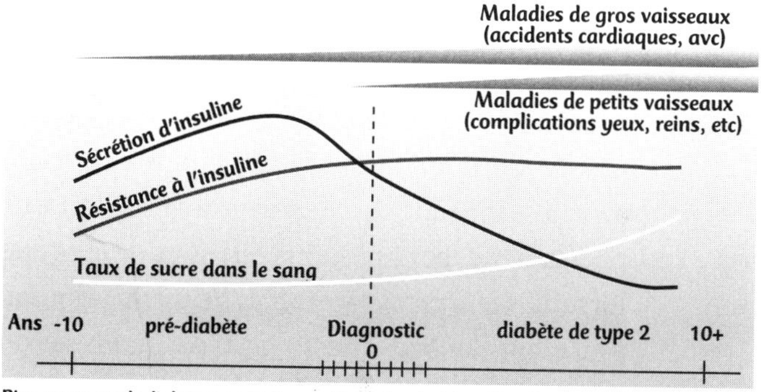

Bien avant que le diabète ne soit diagnostiqué, la sécrétion d'insuline baisse régulièrement alors que la résistance des tissus à l'insuline augmente de façon immodérée depuis parfois jusqu'à dix ans. Durant cette période, le taux de sucre dans le sang augmente régulièrement, causant des complications vasculaires de plus en plus importantes avec le temps.

Diagnostic du pré-diabète : comment réussit-on à le dépister?

Une situation de pré-diabète se manifeste généralement, et clairement, par deux phénomènes cliniquement observables :

1. Un taux de glycémie à jeun le matin qui se situe entre 5,6 mmol/L et 6,9 mmol/L

indique une glycémie marginalement élevée. Cela veut dire qu'on a une prédisposition à devenir diabétique, le taux normal se situant entre 4 et 6 mmol/L.

2. Une intolérance au glucose caractérisée par une glycémie située entre 7,8 et 11,1 mmol/L mesurée deux heures après un test de surcharge de 75 grammes de glucose par voie orale.

On peut observer les deux phénomènes chez une même personne. Si c'est le cas, elle sera ainsi porteuse à la fois d'une glycémie à jeun marginalement élevée et d'une intolérance au glucose. La présence de chacun de ces phénomènes constitue un facteur de risque pour l'apparition prochaine d'un diabète qui pourra, ou ne pourra pas, se déclarer dans un futur plus ou moins proche. Le risque est plus élevé lorsque les deux phénomènes sont présents en même temps que lorsqu'ils le sont séparément. Le terme « intolérance au glucose » ne signifie pas, comme on pourrait le croire, que la personne ne tolère pas le glucose, mais plutôt qu'elle est prédisposée à développer un diabète sucré. Il s'agit d'un facteur de risque plus élevé qu'une glycémie à jeun marginalement élevée.

Il est aujourd'hui facile de diagnostiquer une glycémie à jeun marginalement élevée grâce à la multiplication des examens médicaux annuels. Le diagnostic d'une intolérance au glucose est un peu plus compliqué à poser, car il nécessite la prescription d'un test d'hyperglycémie provoquée de deux heures chez des sujets présentant un facteur de risque pour le diabète sucré. Rappelons une fois de plus que le test d'hyperglycémie provoquée est réservé à des cas particuliers pour poser un diagnostic de diabète sucré. Le premier test à effectuer, en présence ou en l'absence de signes ou de symptômes évocateurs d'un diabète sucré, demeure la mesure de la glycémie à jeun le matin à au moins deux reprises.

Peut-on prévenir l'évolution inévitable vers le diabète ?

Le pré-diabète atteint beaucoup de personnes qui sont à risque soit de développer un diabète futur, soit de développer des complications cardiovasculaires bien avant l'apparition d'un diabète franc. Comment prévenir le développement d'un diabète ou d'une complication cardiovasculaire ? Les mêmes principes de base du traitement du diabète sucré s'appliquent au pré-diabète : la modification du style de vie (activité physique quotidienne et alimentation saine — voir le chapitre 7 sur l'alimentation) est la pierre angulaire pour prévenir l'apparition du diabète sucré et les complications cardiovasculaires.

Des études sérieuses ont démontré que la modification du style de vie, basée sur une activité physique quotidienne d'intensité moyenne de 30 minutes à une heure, permettait de réduire le risque de diabète sucré de presque 60 % sur une période de trois ans chez des sujets présentant une intolérance au glucose.

L'activité physique doit aller de pair avec une bonne alimentation, pauvre en sucres raffinés et en gras saturés et riche en fibres et en sucres complexes. Le défi, on s'en doute, est de pouvoir maintenir ce rythme à long terme. En somme, il faut insérer l'activité physique dans nos habitudes de vie quotidienne comme le sont l'hygiène, le brossage des dents, l'habillement, etc.

Qu'en est-il de la médication? Le chapitre 8 de ce livre présentera un tour d'horizon des médicaments oraux généralement prescrits aux personnes atteintes de diabète ou en situation de pré-diabète. Plus spécifiquement, la metformine, l'acarbose et les thiazolidinediones se sont révélées efficaces dans la prévention du diabète sucré chez des sujets atteints d'intolérance au glucose. Les chercheurs ont noté une réduction de 30 % du risque d'apparition de la maladie avec la metformine et l'acarbose, et de plus de 60 % avec les thiazolidinediones. La prescription de ces médicaments n'est pas recommandée de façon formelle en cas d'intolérance au glucose puisqu'une simple modification du mode de vie pourrait procurer des résultats fort satisfaisants. La glycémie à jeun marginalement élevée a fait l'objet de moins d'études que l'intolérance au glucose. Intuitivement, une modification du mode de vie pourrait également s'appliquer dans cette situation comme moyen de prévention du diabète sucré.

chapitre 5

Les facteurs de risque

Laurence – Quand les rosiers s'en mêlent… « *Le diagnostic de diabète révélé par le médecin de Raphaël m'a profondément insécurisée. C'était si inattendu. Je me suis questionnée sur les facteurs de risque de cette maladie. D'où vient-elle ? Y a-t-il des personnes plus à risque que d'autres ? Suis-je moi-même à risque ?*

LAURENCE

Nous avons vu que le diabète de type 1, appelé aussi « diabète juvénile », est probablement dû à une inflammation qui provoque la disparition des cellules bêta, et donc, l'absence de sécrétion d'insuline. C'est une maladie totalement imprévisible dont les origines sont difficiles à identifier. En cela, cette maladie est très différente du diabète de type 2. Les recherches ont pu démontrer que celui-ci présente plusieurs facteurs de risque qui prédisposent certaines catégories de personnes à développer cette dysfonction.

Les facteurs mesurables de résistance à l'insuline

Ces facteurs sont ceux dont on peut, en général, déterminer facilement la présence chez les personnes parce qu'elles font partie intégrante de leur historique. Ils mettent la table à des terrains sensibles au diabète sur lesquels nous n'avons pas de prise.

1. L'histoire familiale

L'association diabète et histoire familiale est présente dans la grande majorité des cas de résistance à l'insuline. Les recherches démontrent en effet que 80 % des personnes atteintes ont un proche touché par cette maladie. Ce peut être un oncle, une tante ou un cousin, car la transmission de la maladie par hérédité peut s'éloigner sensiblement des parents immédiats, père, mère, frère ou sœur. La possibilité de déceler ces antécédents se complique du fait de l'éclatement progressif du tissu familial et des liens plus ténus qui les tissent. La maladie demeure difficile à déceler dans le cas d'enfants qui ont été adoptés à la naissance.

2. L'âge

Le diabète de type 2 est sans contredit une maladie qui a des atomes crochus avec le vieillissement. Le corps prend de l'âge, les cellules bêta aussi. Elles deviennent avec le temps moins aptes à sécréter l'insuline et à la produire de façon équilibrée selon l'apport de sucres dans le corps. De plus, la résistance des organes cibles à l'insuline s'accroît avec le temps. Les courbes de prévalence du diabète sont criantes de vérité. La forte concentration de l'apparition de la maladie dans la quarantaine témoigne de ce fait. On remarque une croissance exponentielle d'une décennie à l'autre après 40 ans : les taux de prévalence montent en flèche !

ÉVOLUTION DU DIABÈTE DE TYPE 2
AU CANADA SELON L'ÂGE : 2000-2016[2]

Distribution selon l'âge des Canadiens atteints de diabète sucré : 2000 et 2016

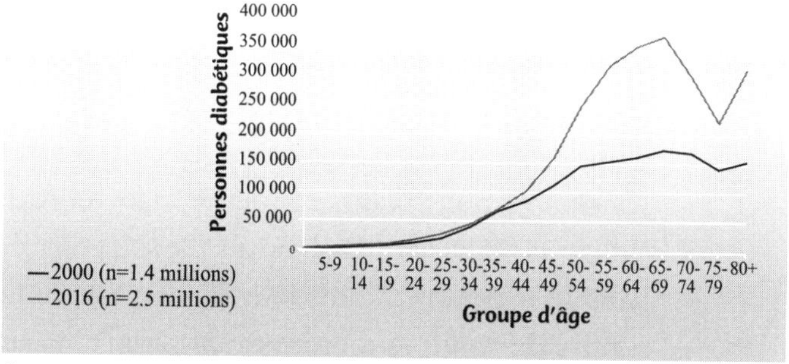

C'est surtout à partir de l'âge de 40 ans que le diabète de type 2 se manifeste. Les chercheurs prévoient une forte croissance dans les prochaines années qui affectera particulièrement les 50-65 ans. On remarque, d'autre part, que les jeunes ne sont pas à l'abri, la maladie se manifestant de plus en plus tôt.

Par ailleurs, force est de constater que l'apparition des cas de diabète se fait maintenant de façon de plus en plus précoce. Les *McDonald's* de ce monde apportent avec eux un fléau de malnutrition non pas reliée à l'insuffisance de la nourriture, mais à la pauvreté nutritive des aliments.

3. Les antécédents de maladies cardiovasculaires

Quelle maladie précède l'autre ? Le lien entre le diabète et les maladies cardiovasculaires

2. Blanchard JF (communication personnelle)

ressemble à celui qui unit la poule et l'œuf. On sait toutefois que les deux maladies sont fortement associées. Leur apparition prend différentes formes. L'un a fait récemment un infarctus, l'autre souffre d'hypertension, un troisième d'hypercholestérolémie : chacun présente un cas de maladies cardiovasculaires fortement associées au diabète. Ces maladies sont des facteurs de risque importants dans l'évaluation des cas de diabète. Il n'est pas rare de découvrir la présence du diabète au moment d'une hospitalisation pour maladie cardiovasculaire. Il en va de même quand les résultats de tests de glycémie d'une personne sont élevés, peut-être pas assez concluants pour diagnostiquer le diabète, mais suffisants pour qu'on craigne qu'elle soit engagée dans le cycle du pré-diabète. Si une personne souffre de troubles d'ordre cardiovasculaire, un test d'hyperglycémie est utile afin de vérifier la présence ou l'absence d'une dysglycémie, c'est-à-dire d'une dysfonction de la glycémie.

4. Le diabète gestationnel

Un diabète gestationnel dépend des circonstances particulières à une grossesse, une prise de poids excessive par exemple, et ne se répétera pas automatiquement à la suivante. Après la grossesse, les glycémies redeviennent normales, mais les femmes qui en ont souffert demeurent à risque pour plus tard. Pour cette raison, le test d'hyperglycémie provoquée s'avère instructif pour les femmes quarantenaires qui ont eu par le passé un diabète gestationnel.

5. Les groupes à risque

La population du monde entier fait face à un défi de taille quant à son rapport avec l'alimentation. L'accès si facile aux produits alimentaires manufacturés pauvres en valeur nutritive, mais vantés par un marketing agressif *made in USA*, n'aide pas au renforcement de valeurs traditionnelles concernant l'alimentation comme la fraîcheur des aliments et la transmission d'un savoir-faire mis au point au fil des décennies, parfois même des siècles, dans la préparation des produits alimentaires de proximité que nous offre la nature.

Au Canada, et au Québec en particulier, cette tendance lourde affecte particulièrement un certain nombre de groupes ethniques qui vivent une situation de transition nutritionnelle mésadaptée. Mentionnons d'abord les peuples autochtones qui, autrefois chasseurs ou trappeurs, avaient développé de grandes habiletés sur le plan de l'activité physique. Ces populations sont à risque parce qu'elles sont profondément affectées par leur sédentarisation et le fort taux d'obésité qui résulte de leur nouvelle — et plus souvent mauvaise — façon de s'alimenter. Des études démontrent que le diabète sucré est de 2 à 4 fois plus fréquent dans les populations autochtones que dans la population générale. Ce taux énorme de prévalence du diabète sonne l'alarme.

Le Québec n'est pas la seule terre où ce phénomène émerge de façon alarmante. Ailleurs au

Canada, on prévoit de fortes augmentations des cas de diabète, presque le double d'ici 2025. On note une situation comparable chez les Amérindiens de l'Arizona avec des taux de diabète diagnostiqué de l'ordre de 50 %. Les pronostics pour les pays en émergence sont inquiétants : on prévoit en effet que le diabète va les frapper durement dans les prochaines décennies. Ils sont au cœur d'une transition nutritionnelle et semblent en voie de faire les mêmes erreurs que les bûcherons du Québec, qui après avoir travaillé physiquement très fort pendant des années et avoir conservé la même façon de s'alimenter que leurs prédécesseurs, se sont « convertis » au modernisme d'une alimentation manufacturée.

Le Canada et le Québec sont depuis longtemps des terres d'accueil ouvertes sur le monde. Les nouveaux arrivants sont soumis à un changement draconien de leur mode de vie et de leur façon de s'alimenter. Cela crée des facteurs de risque qui s'avèrent importants pour certaines ethnies, particulièrement les populations d'origine asiatique, hispanique (sud-américaine) et africaine. Quand ces nouveaux arrivants se convertissent à un mode alimentaire nord-américain, ils sont pris au piège. On évalue qu'après une période de cinq ans, plusieurs d'entre eux ont adopté une façon totalement nord-américaine de s'alimenter et deviennent des cibles idéales pour le diabète.

6. Le syndrome des ovaires polykystiques

Certaines femmes qui éprouvent des problèmes de fertilité présentent une déficience, probablement d'origine génétique. Leur sécrétion d'insuline étant trop forte, leurs ovaires activent des hormones masculines en plus grande quantité que les hormones féminines. Cela entraîne un syndrome de résistance à l'insuline. Dans plusieurs cas, ces femmes n'ont pas de menstruations. Le traitement à la metformine diminuera leur résistance à l'insuline et leur permettra d'ovuler et d'avoir des enfants. Ces cas sont relativement rares et peu souvent diagnostiqués.

7. La schizophrénie

Des recherches ont démontré que, chez les personnes schizophrènes, la prévalence du diabète est très élevée. Il existe en effet une association entre cette maladie et le diabète sucré. Les personnes atteintes de schizophrénie ont un risque plus élevé de développer un diabète que la population en général. Celui-ci peut apparaître longtemps avant la prescription d'antipsychotiques. La prise de poids reliée à cette forme de médication n'arrange pas les choses et favorise encore plus l'éclosion du diabète.

En conclusion, la liste est longue quand on cherche à identifier les facteurs de risque du diabète sucré. Pourquoi en est-il ainsi? L'une des principales raisons est qu'on sait maintenant à quel point les déséquilibres métaboliques de toutes origines y sont reliés. Les femmes, par exemple, sollicitent plus de consultations auprès de leur médecin que les hommes, non pas qu'elles soient génétiquement plus aptes à être diabétiques, mais à cause du fait que leur espérance de vie est plus grande que celle des hommes. De plus, durant la ménopause, les femmes sont soumises à un changement hormonal qui met à l'épreuve leur capacité de s'adapter à une nouvelle situation. Elles vivent une transition physique, un peu comme les immigrants ou les nouveaux arrivants Assez curieusement, l'adage qui veut que la nature ait horreur du vide prend ici tout son sens. Quand le muscle bat de l'aile, la graisse prend la relève. Si le tissu noble s'esquive, le tour de taille prend de l'ampleur. Mais c'est sans compter sur l'effet bienfaisant de l'activité physique qui, faite de façon régulière, permet de contrebalancer la difficulté d'adaptation aux changements importants.

Les facteurs modifiables

Ces facteurs représentent ceux sur lesquels les personnes aux prises avec le diabète ainsi que les spécialistes de la santé misent dans la prévention et le traitement du diabète.

1. L'obésité

La présence du diabète de type 2 se manifeste souvent quand un excès de poids commence à se manifester. C'est là un signal d'alarme, un signe qu'il faut prendre au sérieux, surtout quand on peut établir un historique des antécédents familiaux de diabète qui prédisposent à la maladie.

C'est une manifestation que la cellule bêta est soumise à un effort excessif. Dans 80 % des cas, les personnes atteintes de diabète souffrent d'embonpoint, mais le contraire n'est pas vrai. Ce n'est pas parce qu'on est obèse qu'on aura forcément un diabète. Certaines personnes obèses, tout en étant à risque, sont très actives et ont une glycémie parfaite. L'excès de poids est un facteur de risque du diabète qui peut être modifié par diverses interventions, qu'elles soient diététiques ou chirurgicales.

Même sans histoire familiale, l'obésité présente un facteur de risque déterminant.

2. Le manque d'activité physique

Le manque d'activité physique est certainement l'un des facteurs de risque du diabète les plus déterminants. Il donne de l'ampleur aux autres facteurs. Par exemple, on devient à risque après quarante ans, notamment parce qu'à cet âge, la majorité des gens délaissent le sport et la marche. De même, l'obésité prend appui sur la sédentarité parce que les sucres ne sont pas suffisamment absorbés par les muscles et brûlés par l'énergie que demande l'activité du corps.

3. Le stress

Choisir de vivre à la campagne plutôt qu'au cœur de l'activité bourdonnante de la ville est certainement un choix santé à plusieurs égards. Il est en effet reconnu que le stress crée un climat favorable au développement du diabète. Sur le plan physiologique, le stress agit sur la sécrétion d'hormones susceptibles de créer une dysglycémie. Le stress étant difficilement mesurable, on ne peut l'évaluer que de façon indirecte.

Une chose est sûre, le stress fait partie de ces facteurs de risque sur lesquels on peut avoir une certaine emprise, qu'on soit atteint de diabète ou pas. On peut choisir de vivre dans un environnement moins stressant où la qualité de vie prime la rapidité du résultat.

La connaissance des facteurs de risque et des mécanismes du corps humain « en situation de diabète » permet certainement aux proches vivant au quotidien avec des personnes atteintes de diabète de le faire avec plus de sérénité. Ils peuvent mieux agir à partir du moment où un diagnostic est posé, et même, si les choses se gâtaient, sur le plan de la prévention afin d'éviter des complications graves.

Deuxième partie
AIDER AU QUOTIDIEN

Aider ne veut pas nécessairement dire prendre en charge. Pour la plupart des maladies, et en particulier le diabète, l'aide la plus efficace est souvent celle qui apporte aux personnes malades des outils pour les aider à prendre elles-mêmes leurs responsabilités. La maladie n'appartient qu'à la personne malade.

Le quotidien des personnes atteintes de diabète présente un nombre incalculable de défis que les proches peuvent interpréter comme autant de sollicitations à l'aide. Dès les premières réactions, parfois véhémentes, au moment du diagnostic, jusqu'aux changements importants dans les habitudes de vie de tous les jours, jusqu'où peut-on aider la personne qui nous est chère ? Voilà une question pertinente qui trouve parfois difficilement sa réponse au quotidien.

Le diabète n'est pas sans ressources. Les personnes diabétiques et leurs proches peuvent s'appuyer sur un soutien médical et professionnel de plus en plus performant. L'efficacité du traitement fait ses preuves chaque jour chez un grand nombre de gens. Mais une fois celui-ci défini et mis en branle, il reste à vivre sa vie, au jour le jour, dans les meilleures conditions possibles avec les gens qui nous entourent. La complicité avec les proches est un élément essentiel de succès.

chapitre 6

Chez le médecin : première confrontation avec le diabète

ALEXANDRE

Alexandre – La vie devant soi. « *Je me doutais bien que quelque chose n'allait pas depuis quelque temps. J'étais fatigué et pas dans mon assiette. Quand j'ai appris que j'étais atteint du diabète de type 1, j'étais à la fois rassuré qu'on ait mis le doigt sur la cause de mes malaises, et en même temps, soufflé de réaliser qu'il fallait que je me traite à l'insuline pour le restant de mes jours.* »

Pour Alexandre, 20 ans, l'anxiété de ne pas savoir a fait place à celle d'affronter la difficile réalité d'un jeune homme dans la force de l'âge qui se voit confronté à ses propres limites.

Autre réalité, le diabète de type 2 déclaré à l'âge de 65 ans. La réaction de Rosalie à l'annonce du diagnostic de diabète a été franchement plus tempérée : « Plusieurs personnes dans ma famille souffrent d'un diabète de vieux, dit-elle, ce n'était pas une si grande surprise pour moi d'entendre ce diagnostic. J'étais tout de même étonnée de me sentir si en forme malgré la maladie. » Une situation partagée par plusieurs personnes qui découvrent au hasard d'un examen de routine qu'elles sont atteintes d'un diabète qui n'a pas encore déployé ouvertement ses symptômes. C'est le paradoxe du diabète sucré dont les manifestations dépendent de la capacité déclinante du pancréas à faire face à la demande d'emmagasiner le sucre dans l'organisme selon que les cellules bêta sont fortes, affaiblies ou disparues, comme chez Alexandre.

Les médecins qui soignent le diabète sucré

En général, c'est le **médecin** qui aura la tâche d'annoncer le diagnostic. Celui-ci posé, il faudra débuter rapidement le traitement qui consistera, dans une première étape, à proposer des changements dans le mode de vie, principalement sur les plans des habitudes alimentaires et de l'activité physique. Par la suite, et dans un monde idéal, toute personne dont le diabète a été nouvellement diagnostiqué devrait faire un court séjour dans une unité spécialisée de traitement du diabète pour connaître les tenants et aboutissants du traitement. Le nombre d'unités de jour pour le traitement du diabète est en forte croissance et vise notamment à offrir information et soutien au plus grand nombre de personnes atteintes ou en contact étroit avec le diabète.
Elles y rencontrent nutritionnistes, diététistes, psychologues et autres spécialistes qui les aideront à faire leur propre programme de mieux-être et à stimuler leur motivation.

Qui sont ces médecins spécialistes qui s'occupent du diabète sucré?

L'**endocrinologue** est le médecin spécialiste des maladies des glandes endocrines, comme l'hypophyse, la thyroïde, les surrénales, le pancréas ainsi que des problèmes métaboliques qui s'ensuivent. L'omnipraticien le consultera au besoin pour des problèmes spécifiques concernant le diabète sucré, par exemple s'il y a des complications, si le contrôle du diabète est instable ou pour toute autre raison.

Le **diabétologue** est le médecin spécialisé dans le traitement du diabète. Cette spécialité est surtout présente en Europe, et beaucoup moins en Amérique. Le diabétologue n'est pas forcément endocrinologue. Des médecins spécialisés en médecine interne ou des omnipraticiens peuvent détenir ou développer une expertise particulière pour la gestion globale du diabète sucré. Il n'y a cependant aucun doute que les omnipraticiens sont les premiers médecins confrontés à cette maladie vu le nombre important de personnes atteintes et le petit nombre de spécialistes.

De la révolte à l'acceptation

Il faut l'avouer d'emblée, le diabète est toujours une source de stress. L'annonce du diagnostic suscite une réaction qui variera d'une personne à l'autre. Elle n'est jamais accueillie avec joie. Le rôle du soignant est ici capital et la suite des évènements pourra dépendre de la façon dont l'annonce a été faite. Le stress apparaît dès que la personne apprend qu'elle est porteuse de la maladie ; il évolue de façon constante, mais différente d'une personne à l'autre. Le modèle d'adaptation à l'annonce d'un diagnostic de diabète permet de définir cinq étapes d'évolution dans le processus de la révolte à l'acceptation de la maladie. Voici des témoignages qui illustrent chacune de ces étapes.

Soulignons cependant que les groupes de médecine familiale, les CLSC, les médecins omnipraticiens qui pratiquent seuls ou avec une équipe restreinte fournissent une aide considérable à la majorité des personnes atteintes de diabète au moment du diagnostic ou dans le suivi médical. La fréquence des visites variera en fonction de chaque patient, et surtout de son dossier médical.

- Le choc et le déni de la réalité : « C'est une erreur ! Je ne suis pas concerné, je me sens très bien. »

- L'indignation ou la révolte : « Pourquoi moi, c'est injuste. »

- Le marchandage ou la négociation : « OK pour la diète et les médicaments, mais pas les injections. »

– Le stade d'autoévaluation et de réflexion qui peut se manifester par une hypervigilance : « Mon contrôle doit être parfait ! », ou par la réceptivité : « Je vais voir ce que je peux faire. »

– L'acceptation active : « Je vis bien avec mon diabète. »

Chaque étape a sa propre durée selon les personnes et le degré de maturation de l'esprit des individus concernés. Certaines personnes quittent difficilement le stade du déni ou de la révolte alors que d'autres adoptent l'acceptation active en quelques mois. Une chose est sûre, l'impact des attitudes positives est grand sur l'efficacité du programme de traitement, comme l'exprime le tableau suivant :

Étapes	Anxiété	Attitudes	Impact du programme
Indignation/ révolte	Élevée	Négatives	Faible
Marchandage/ Négociation	Faible	Négatives	Bon
Autoévaluation/ Hypervigilance	Élevée	Positives	Faible
Autoévaluation/ Réceptivité	Modérée	Positives	Bon
Acceptation active	Faible	Positives	Bon

Source : www.diabetequebec.qc.ca

« C'est impossible, je ne peux pas être diabétique. Personne dans ma famille n'a cette maladie ; je ne me sens pas malade du tout. »

Les réactions à un diagnostic de diabète jouent à l'infini, à l'image des différents profils des personnes diagnostiquées. Étonnement et refus simultané ou déni catégorique, c'est la réaction de plusieurs à l'annonce d'un diagnostic de diabète. On ira parfois jusqu'à proposer un certain marchandage où l'exploration d'autres avenues pourrait nourrir l'espoir d'aboutir à des conditions plus acceptables : « Puis-je faire d'autres tests pour être sûr ? »

Malgré la grande déception qui accompagne un diagnostic de diabète, on évalue à environ 30 % la proportion des gens qui réagissent dès le début de façon positive devant une situation qui n'offre d'autres options que celle de l'accepter. « C'est comme si vous vous étiez fracturé une jambe », expliquent certains soignants. « Mais, docteur, une fracture, ça se guérit... et si je vous comprends bien, on ne guérit pas du diabète » rétorquent certains patients. C'est l'amorce d'un dialogue bénéfique dans le cheminement du malade qui comprendra que, si on ne guérit pas du diabète, on peut très bien le contrôler. Les personnes dont la maladie est chroniquement mal contrôlée sont celles qui n'ont jamais quitté les étapes de la révolte ou du déni et qui n'ont jamais accepté la maladie. Elles adoptent alors des comportements qui compromettent quotidiennement leur santé.

Autant de réactions différentes selon l'âge, le type de diabète, les expériences passées avec des personnes atteintes de diabète, la personnalité du malade et le degré de développement de la maladie.

« La vie ne sera plus jamais la même. »

C'est la première chose que dira le médecin à un patient qui vient d'apprendre qu'il a le diabète. Une déclaration qui bouscule dans la plupart des cas parce qu'elle donne l'amplitude du changement auquel le patient aura à faire face : comprendre le fonctionnement de son corps et le lien intime entre son alimentation et son état de santé; apprendre à bien se connaître et à devenir progressivement le meilleur médecin pour soi-même; suivre le traitement au pied de la lettre, sans compromis. La vie ne sera jamais la même, c'est vrai. Mais de façon générale, elle peut être aussi bonne, sinon meilleure, suivant l'approche qui l'inspire. Aussi bonne ou meilleure, elle sera en tout cas différente de celle d'hier.

On le devine, les proches d'une personne qui vient d'apprendre un diagnostic de diabète sont concernés au plus haut point. On ne saurait trop insister sur l'importance que le patient se présente avec un proche, un conjoint ou quelqu'un de la famille, à sa première rencontre avec le médecin et aux séances d'information ultérieures. Ceux-ci comprendront vite à quel point leur collaboration sera importante à l'avenir.

Apprendre qu'on doit maintenant vivre avec le diabète bouscule tout le monde, la personne atteinte et son entourage. Sont particulièrement touchés les jeunes adultes atteints de diabète de type 1 : « Pourrais-je mener une vie normale ? » se demandent-ils. Cruel questionnement pour les jeunes qui abordent la vingtaine avec confiance et qui voient tout à coup la vie leur fermer une première porte. Ainsi, ces jeunes découvriront qu'ils ne pourront pas, par exemple, devenir pilotes ou conduire un véhicule d'urgence sans restrictions, à cause du risque plus élevé d'hypoglycémie que présente le traitement à l'insuline. Il est évident que le diabète n'est pas un obstacle ou un handicap dans l'exercice de plusieurs métiers et qu'il peut permettre de mener une existence « normale ». Voilà, de la part des soignants, un message clair et net à transmettre en évitant cependant d'en oublier la contrepartie : le patient doit y mettre du sien pour y parvenir.

Par ailleurs, la première réaction n'est habituellement pas celle qui dominera la relation entre le patient et sa maladie. On a vu des personnes franchement révoltées, au début, qui ont trouvé par la suite une façon très acceptable de vivre avec la maladie. Toujours très angoissées à l'annonce du diagnostic, elles finissent par bien vivre avec l'anxiété. Surtout quand les proches apportent compréhension et soutien dans la nouvelle approche de la vie que la personne devra emprunter.

Démystifier le diabète

La première rencontre avec le médecin est capitale et on ne peut plus bénéfique pour le quotidien de la personne diabétique. Le rôle du médecin sera notamment de lui faire accepter progressivement la maladie de manière à exercer un certain contrôle sur elle.

Le médecin brisera d'abord les principaux tabous entourant le diabète :

- Les personnes atteintes de diabète ne vivent pas nécessairement moins longtemps.
- Le diabète ne signifie pas automatiquement catastrophe, cécité, amputation ou dialyse.
- La peur des aiguilles et l'image de *junkie* que celles-ci projettent parfois sont surmontables. Les injections d'insuline, ce n'est pas compliqué.
- Le régime diabétique nécessairement fade est un mythe ; on peut bien vivre et bien manger malgré le diabète.
- La personne diabétique peut vivre normalement, mais il lui faut éviter de mettre le centre de son attention sur les interdits comme « fini les fèves au lard ! »
- Les personnes atteintes de diabète ne sont pas automatiquement coléreuses ou de mauvais poil.

La liste des tabous est longue et les mythes continuent à tomber. Le diabète n'est pas nécessairement fantomatique. On peut avoir une bonne vie, même avec le diabète.

Démystifier cette maladie, longtemps considérée comme un mal dont on parlait à voix basse et à mots couverts, voilà ce à quoi le médecin s'attaquera d'emblée. Il cherchera à corriger les perceptions négatives de cette maladie que d'aucuns considèrent comme un mal pire que le sida ou le cancer. Il fera comprendre qu'on ne meurt pas du diabète, mais de ses ravages, et qu'une bonne prise en main permet dans la plupart des cas d'en contrôler les effets néfastes. Il calmera les inquiétudes quant aux tabous enracinés dans l'esprit de gens qui ont connu des personnes diabétiques devenues aveugles ou qui ont dû être amputées d'une ou des deux jambes.

Le diabète est associé, dans la perception populaire, à la prise d'insuline et il génère de nombreuses craintes quant à l'obligation de se « piquer » sur une base régulière. La peur des aiguilles repose souvent sur une méconnaissance du traitement et sur la façon de l'appliquer. Le médecin expliquera, par exemple, aux personnes atteintes de diabète de type 1 que la prise d'insuline est une question vitale et que les injections feront maintenant partie de leur vie quotidienne. Par ailleurs, il en rassurera plus d'un en expliquant que le traitement requiert des injections sous-cutanées et non intraveineuses, comme le croient plusieurs. Et les diabétiques de type 2 apprendront avec soulagement que l'injection d'insuline n'est pas inévitable pour plusieurs d'entre eux.

Les personnes atteintes de diabète comprendront que le traitement du diabète passe toujours par l'insuline que ce soit celle qu'on s'injecte — traitement obligatoire du diabète de type 1, optionnel pour le diabète de type 2 — ou celle qu'on fait produire dans l'organisme avec l'aide de médicaments, dans les cas de diabète de type 2 nouvellement diagnostiqué.

De la tête aux pieds : examen complet de l'état de santé

« Une maladie hypocrite et sournoise », voilà qui décrit bien le diabète, et plus particulièrement celui de type 2. Avant que n'apparaissent les premiers symptômes, l'excès de sucre dans le sang poursuivra son action dévastatrice pendant des années sans que le sujet en ressente les effets néfastes sur son état de santé. Plus l'historique du diabète est long chez le patient, plus le risque de maladies concomitantes est important — maladies des yeux, des reins et du cœur entre autres.

C'est pourquoi un diagnostic de diabète s'accompagne toujours d'un examen complet qui permettra d'évaluer s'il y a des dommages causés à ce jour sur les organes habituellement fragilisés par l'action du sucre dans le sang : le cœur et les vaisseaux sanguins, les reins, le système nerveux, les yeux, les membres inférieurs. Les pathologies cardiovasculaires sont probablement les plus fréquentes et les plus redoutées. Ce n'est pas un hasard si les maladies cardiaques sont responsables de 80 % des décès des personnes atteintes de diabète. Des examens en profondeur sont également effectués pour tester l'efficacité des reins, la rapidité des réflexes des membres inférieurs et l'état de santé des yeux.

...ments de la maladie, et que, malheureusement, dans 50 % des cas, des complications associées au diabète sont décelées au moment où le diagnostic est posé.

Priorités d'intervention prônées par le médecin

Le médecin proposera par la suite les grandes lignes du traitement que la personne atteinte de diabète devra intégrer dans sa vie de tous les jours.

1. Modifier son style de vie :
   - atteindre et maintenir un poids santé ;
   - privilégier une alimentation saine ;
   - faire de l'exercice physique régulièrement ;
   - éviter l'abus du tabac, de l'alcool et autres dépendances.

2. Suivre un traitement par voie orale.

3. Au besoin, se soumettre au traitement par insuline (insulinothérapie).

Une aide inestimable : les unités de jour dans les hôpitaux

Le nombre de personnes atteintes de diabète augmente à un rythme important. Pour faire face à la demande croissante d'information, de plus en plus de centres hospitaliers mettent sur pied des unités de jour qui encadrent les patients à qui l'on vient de diagnostiquer un diabète. Infirmières, médecins, diététistes, nutritionnistes et psychologues encadrent les personnes atteintes pour répondre aux nombreuses questions qui se posent à ce moment-là ainsi qu'à celles qui se présenteront dans un avenir rapproché. Les techniques d'injection d'insuline, les principes de base d'une saine alimentation, le calcul des glucides, autant d'informations d'ordre pratique qui convergent vers la nécessaire discipline à acquérir pour apprendre à bien vivre avec le diabète.

Les patients sont regroupés selon qu'ils souffrent de diabète de type 1 ou de type 2. Les sessions sont de durée variable, en général de deux à quatre jours. On encourage fortement les patients à s'y présenter accompagnés d'un membre de leur famille, d'un conjoint ou d'un ami afin de sensibiliser davantage les proches aux nouveaux défis de la personne atteinte, et ainsi, mieux la comprendre et mieux l'assister.

D'autres possibilités de traitements et d'enseignement existent aussi dans les unités de soins, dans les groupes d'intervenants de médecine familiale ou dans les cliniques ambulatoires. L'essentiel est que les malades puissent compter sur un personnel compétent. La demande étant forte, il y a encore malheureusement beaucoup de patients, dans des régions reculées ou même en zones urbaines, qui ne bénéficient pas encore de toutes ces avancées.

chapitre 7

Changement de cap : manger mieux, bouger plus

Rosalie – Vivre seule avec le diabète. « *Un mode de vie sain peut-il remplacer les médicaments ?* »

Voilà une des premières questions qui s'imposera à l'esprit de la plupart des personnes et de leurs proches à l'annonce d'un diagnostic de diabète. Changer son mode de vie est en tout cas la première étape du traitement, avec ou sans médicaments. Tout dépendra de l'évaluation du médecin.

Pour tous, la vie n'est plus la même après un diagnostic de diabète. Un virage, parfois à 180 degrés, qui touche à la fois le mode de vie et les habitudes quotidiennes. Changements importants dans la vie de tous les jours qui se traduisent par « bouger davantage et manger propre ». C'est là le point de départ et la clé pour bien vivre avec le diabète. C'est aussi une règle d'hygiène de vie générale que nous n'appliquons pas toujours avec bonheur. Que de résolutions prises au Nouvel An et non tenues par la suite !

On ne guérit pas du diabète, c'est la dure réalité de cette maladie. Il s'agit d'une maladie chronique, comme l'hypertension et la maladie pulmonaire chronique, mais on peut la contrôler.

Le but ultime du traitement est par conséquent d'exercer un certain contrôle sur la maladie en maintenant le taux de glycémie dans le sang à un niveau normal c'est-à-dire entre 4 et 7 mmol/L à jeun. C'est la cible à l'intérieur de laquelle les valeurs glycémiques devraient se situer. Et tout au long de la journée, ces valeurs devraient être situées en dessous de 8 mmol/L. Il revient cependant au médecin de décider des valeurs glycémiques à atteindre en fonction de chaque patient. Elles varieront selon le type de diabète, l'âge du malade et la présence de certaines complications, surtout celles reliées au cœur et aux artères. L'objectif est de pallier ce défaut de l'organisme qui ne permet plus de gérer automatiquement et correctement l'assimilation des sucres dans le corps et de réduire le risque de complications à long terme.

L'exercice physique et la bonne alimentation sont le point de départ du traitement du diabète de type 2. Si la maladie a été diagnostiquée tôt et qu'aucun dommage ne lui est relié, ces changements d'habitudes de vie pourraient suffire à exercer le contrôle désiré sur la maladie, et ce, sans prise de médicaments. Ce n'est que s'ils se montrent insuffisants — ceci arrive malheureusement très souvent — que le médecin prescrira un médicament, en général de la metformine, pour abaisser le taux de sucre et obtenir un bon contrôle de la glycémie. La mesure d'une bonne hémoglobine glyquée — examen du sang destiné à évaluer le degré de contrôle du diabète —

rassurera le médecin, confortera et encouragera le patient à poursuivre ses efforts.

Avant de prescrire de l'insuline, d'autres médicaments pourront être administrés à la place de la metformine, si celle-ci est mal tolérée. Le tableau récapitulatif en page 101 dresse une liste de ces médicaments. Il revient au médecin de prescrire la meilleure combinaison possible en tenant compte des facteurs suivants : âge, prise de poids, risque accru d'hypoglycémie et effets secondaires éventuels sur les reins et le cœur, par exemple. Le traitement par insuline ne sera prescrit qu'à partir du moment où les étapes précédentes ne donneront pas les résultats escomptés. En fait, la médication devient nécessaire dans la presque totalité des cas.

Il faut cependant souligner qu'un traitement à l'insuline, sans passer par la phase des comprimés, peut s'avérer nécessaire pour le diabète de type 2 si la personne qui en est atteinte présente les signes et symptômes suivants : une perte de poids importante, l'envie fréquente d'uriner, une soif intense, une vision embrouillée, des infections récalcitrantes de la peau, de l'appareil uro-génital (infection de la vessie ou des organes génitaux externes) ainsi que des taux élevés de sucre dans le sang. Dans ces cas, les comprimés n'auront probablement pas une bonne efficacité parce que les cellules bêta ne sécrètent pas assez d'insuline, et ce, depuis plusieurs années, sans que la personne atteinte ne le sache. Au moment où la maladie se présente, les mécanismes de compensation ne suffisent plus à en contrebalancer les effets.

La base du traitement : un mode de vie proactif

À l'âge où apparaissent en général les symptômes du diabète de type 2, c'est-à-dire après 40 ans, le corps commence à montrer des signes de vieillissement. De nos jours, l'apparition des symptômes se fait de façon de plus en plus précoce. Le diabète de type 2 fait désormais partie des maladies de l'enfance et de l'adolescence.

On comprendra que le diabète de type 1 impose un traitement immédiat à l'insuline en plus de la nécessité d'augmenter l'activité physique et de bien contrôler son alimentation. Dans ce cas en particulier, la médication est essentielle et doit s'ajouter au programme alimentaire et d'activité physique.

Prendre un nouveau départ

Pour plusieurs quadragénaires, le tandem saine alimentation/exercice physique constitue une option qui a déjà été considérée et qui démontre ses effets bénéfiques sur la santé. Cette nouvelle approche prend toute son importance et revêt un rôle vital pour les personnes atteintes de diabète de type 2.

Pour certaines personnes qui ont une bonne hygiène de vie, augmenter l'activité physique et mieux s'alimenter peut s'avérer un traitement suffisant, au moins pour les premiers mois. Ces deux pôles de changement dans le mode de vie permettront de vérifier ce que le corps peut faire par lui-même. Ce fut le cas, par exemple, pour Rosalie, qui, à 65 ans, fut d'accord pour modifier son mode de vie à l'annonce du diagnostic de diabète de type 2. Exit les petites pâtisseries à la crème avec lesquelles elle se faisait une fête à l'occasion. Quelques raisins bien mûrs, gorgés de nectar frais, feront son bonheur plutôt que de mordre dans les dizaines de petits fruits portés par la grappe entière. Elle était déjà alerte et sportive, les itinéraires de marche se sont allongés, et les exercices sont devenus plus fréquents.

Mais ce changement peut être difficile pour quiconque fait très peu d'activité physique. L'idée n'est pas de faire des personnes atteintes de diabète des marathoniens. Si l'habitude de faire de l'exercice n'est pas déjà bien ancrée, il y a de fortes chances qu'un programme audacieux d'activité physique n'arrive pas à lui seul à baisser le niveau de sucre dans le sang. Pour ceux qui sont décidés à faire une activité physique qui sortira de leur ordinaire habituel, une bonne évaluation cardiovasculaire est indispensable, voire obligatoire.

Manger mieux

L'alimentation est la principale source d'énergie du corps humain. Encore faut-il s'assurer qu'elle soit équilibrée. Selon l'Association canadienne du diabète, les glucides devraient fournir de 45 à 60 % de l'apport énergétique, alors que la contribution des protéines devrait se situer entre 15 et 20 %. Les lipides ou corps gras ne devraient jamais dépasser les 35 % et les gras trans devraient être bannis du garde-manger.

La grande difficulté pour la plupart des patients est de traduire ces pourcentages rébarbatifs en actes alimentaires concrets. C'est là où les diététistes apportent une contribution inestimable : transmettre en termes clairs des concepts compliqués et donner des exemples concrets et pratiques pour que tout un chacun puisse faire de bons choix alimentaires dans son quotidien. Est-ce bien difficile ? L'habitude crée l'expertise. Les changements alimentaires ne doivent pas être brutaux, sinon ils ne seront jamais suivis. Il est illusoire de croire que quelqu'un qui n'aime pas le brocoli commencera à en consommer parce que tel diététiste lui a conseillé de le faire. « Manger du brocoli, c'est bon » n'est pas un conseil de bon aloi. « Quels types de légumes aimez-vous » : voilà une meilleure approche. La prescription alimentaire doit prendre appui sur les habitudes et les goûts alimentaires du patient quitte à les améliorer s'ils sont déviants.

Manger, c'est nécessaire ; bien se nourrir l'est tout autant.

Le déferlement de produits de consommation rapide vient brouiller les pistes dans les choix réels qui se présentent en regard d'une saine alimentation. Les personnes atteintes de diabète n'ont d'autres options que celle de se nourrir proprement et d'aller au-delà des choix faciles. Les statistiques sont criantes de vérité : 80 % des personnes souffrant de diabète de type 2 sont obèses. C'est là un problème de poids considérable qui nécessitera un virage décisif dans la façon de se nourrir.

À cet égard, le *Guide alimentaire canadien* est une précieuse source d'inspiration. Son but ultime est d'aider les consommateurs à faire des choix judicieux en matière d'alimentation saine, au moment de faire l'épicerie, de planifier les repas ou de choisir un plat ou un autre au restaurant

LES PORTIONS QUOTIDIENNES RECOMMANDÉES PAR GROUPE D'ALIMENTS[3]

	Enfants			Adolescents		Adultes			
	2-3	4-8	9-13	14-18 ans		19-50 ans		51 ans et +	
	fille et garçon			Femme	Homme	Femme	Homme	Femme	Homme
Légumes et fruits	4	5	6	7	8	7-8	8-10	7	7
Produits céréaliers	3	4	6	6	7	6-7	8	6	7
Lait et substituts	2	2	3-4	4-4	3-4	2	2	3	3
Viandes et substituts	1	1	1-2	2	3	2	3	2	3

Le principe de base du guide repose sur l'équilibre dans l'absorption d'aliments des quatre grands groupes que sont les légumes et les fruits, les produits céréaliers, le lait et ses substituts ainsi que les viandes. Et il fourmille de conseils pour profiter au maximum de leurs valeurs nutritives.

CONSEILS DE CONSOMMATION DES QUATRE GRANDS GROUPES D'ALIMENTS[4]

Groupes d'aliments	Conseils
Légumes et fruits	– Manger au moins un légume vert foncé et un légume orangé par jour. – Choisir des légumes et des fruits préparés avec peu, ou pas du tout, de matières grasses, de sucre ou de sel. – Préférer des légumes et des fruits aux jus.
Produits céréaliers	– Consommer au moins la moitié des portions de produits céréaliers sous forme de grains entiers. – Choisir des produits céréaliers plus faibles en lipides, en sucre ou en sel.
Laits et substituts	– Boire du lait chaque jour (écrémé, 1 % M.G. ou 2 % M.G.). – Choisir des substituts du lait, plus faibles en matières grasses.
Viandes et substituts	– Consommer souvent des substituts de la viande, comme des légumineuses et du tofu. – Consommer au moins deux portions de poisson chaque semaine. – Choisir des viandes maigres et des substituts préparés avec peu, ou pas du tout, de matières grasses.

3. *Guide alimentaire canadien.*
4. *Ibid.*

ou à la cafétéria. Il privilégie les produits de notre grand jardin qu'est la Terre, les fruits, les légumes et les produits céréaliers, et donne des indications sur le nombre et l'ampleur des portions, et ce, à toutes les étapes de la vie.

Les aliments à proscrire, ou du moins à éviter, sont les suivants : les sucres rapides comme ceux des jus de fruits, des limonades et des sirops, ceux qui ont une forte teneur en sucre et en gras et une faible valeur nutritive comme les pâtisseries.

Et l'alcool? Le diabète fait-il bon ménage avec l'apéro ou un petit ballon de bordeaux au repas? Encore là, la modération a très bon goût. La règle est la suivante : d'un à deux verres par jour, un peu moins pour les femmes; un maximum de quatorze consommations hebdomadaires pour les hommes, et de neuf pour les femmes.

Le *Guide alimentaire canadien* s'adresse à l'ensemble de la population, mais ses vertus sont d'une criante pertinence pour les personnes atteintes de diabète ou qui présentent de sérieux risques, ainsi que pour leurs proches. On peut consulter le guide directement sur le site de Santé Canada à l'adresse suivante : [www.hc-sc.gc.ca/].

Les épicuriens seront rassurés d'apprendre qu'ils peuvent continuer à bien manger, malgré la menace ou la présence du diabète. Tout est dans la connaissance de la composition des aliments et leur bon dosage.

Savoir ce que l'on mange

Le diagnostic de diabète représente pour la plupart des gens l'occasion de réaliser à quel point ils connaissent mal la nature et la composition des aliments qu'ils mangent. Une des premières étapes qu'ils auront à franchir, c'est de glaner le plus d'informations possible sur les groupes alimentaires, apprendre à lire les étiquettes sur les contenants des produits qu'ils achètent et calculer la valeur nutritive de chacun d'eux. Le site Internet de l'Agence de la santé publique du Canada (autrefois Santé Canada) leur sera fort utile. On y trouve notamment une rubrique interactive sur l'étiquetage nutritionnel, un jeu-questionnaire et une foire aux questions. Diabète Québec publie sur son site Internet un « guide d'alimentation pour la personne diabétique » qui aide ceux et celles qui le consultent à mieux comprendre la teneur des étiquettes.

Bouger plus

Il n'y a pas si longtemps, l'activité physique faisait partie intégrante de la vie de tous les jours. Le travail dans les champs ou même à l'usine nécessitait le déploiement d'efforts physiques considérables, quotidiens et réguliers. Jamais l'idée ne serait venue au cultivateur de faire une promenade après le souper ! La mécanisation et la robotisation ont considérablement diminué l'effort physique de l'homme pour arriver à des résultats de production la plupart du temps supérieurs. De même, le développement de moyens de transport sophistiqués n'encourage

Prendre des notes

L'élaboration d'un programme alimentaire à sa mesure et la tenue méticuleuse d'un registre des aliments consommés sont deux démarches essentielles à la rigueur et au succès d'une meilleure façon de se nourrir. Les carnets d'autocontrôle de la glycémie, fournis dans les cliniques ou les centres de diabète, permettent notamment de mesurer l'effet de certains aliments sur soi-même et de noter, par exemple, que le taux de sucre grimpe très vite quand on en absorbe un en particulier. Mais cela ne doit pas devenir une obsession. Avec le temps, on ne recourra à son registre qu'à l'occasion, quand, par exemple, on remarquera qu'on a perdu le contrôle de la maladie, qu'on s'est « laissé aller » et que notre poids corporel a augmenté.

en rien les déplacements qui stimulent l'activité physique. Pourquoi prendre le vélo quand l'automobile nous conduit au même endroit en trois fois moins de temps ! De même, Internet permettant l'accès à plus d'informations que nécessaire, les déplacements vers les librairies et les centres d'information ne sont plus essentiels à l'accès au savoir. Plusieurs progrès de notre société vont à l'encontre du besoin d'activité physique du corps humain.

L'activité physique est essentielle, peu importe l'âge et l'état de santé des personnes. Elle est d'autant plus nécessaire quand les personnes vieillissent et que leur condition générale se détériore. Elle est vitale dans le cas des personnes atteintes de diabète, car elle est un des maillons essentiels au succès du traitement. L'activité physique fait, comme on le dit communément, « brûler le sucre ». Par conséquent, elle a pour effet de réduire les besoins en insuline qui est déjà déficiente chez les personnes atteintes de diabète. Rappelons que les bienfaits de ces pratiques sont plus tangibles si elles sont exécutées sur une base régulière.

Au Canada, l'Agence de la santé publique du Canada et la Société canadienne de physiologie de l'exercice ont compris l'immense problème que pose le vieillissement de la population associé à la sédentarisation et à l'absence d'exercice physique pour environ deux tiers des Canadiens. Inspirés par les résultats d'un sondage effectué auprès de la population, les deux organismes ont uni leurs efforts et produit le *Guide d'activité physique canadien pour une vie active et saine,* qui s'apparente, dans sa simplicité et son universalité, au *Guide alimentaire canadien.* Les principes de base de ce guide, accessible sur le site de l'Agence (www.aspc.gc.ca), sont très simples :

- La régularité de l'exercice est plus importante que son intensité.
- Pas besoin d'en faire trop, mais en faire tous les jours.
- Il suffit d'ajouter quelques exercices simples à l'activité régulière d'une journée.
- Soixante minutes d'activité d'intensité légère par jour sont nécessaires pour rester en forme ou améliorer sa santé. Si les activités augmentent d'intensité, leur durée peut diminuer d'autant, par exemple, trente minutes quatre jours par semaine.

« Nous ne voulons pas faire de vous des marathoniens, mais des citoyens en bonne santé », disait une spécialiste de l'activité physique.

L'embrigadement dans un programme complexe d'exercices physiques n'est pas nécessaire. C'est plus facile qu'on ne le pense d'améliorer sa santé en faisant simplement de l'exercice sur une base régulière.

Cela dit, les exploits physiques ne sont pas hors de portée pour une personne diabétique qui a des prédispositions athlétiques. À l'âge de 30 ans, Sébastien Sasseville est devenu le premier Canadien atteint de diabète de type 1 à réussir l'ascension du mont Everest en mai 2008. Il avait déjà grimpé le Kilimandjaro trois ans auparavant.

Changer son rythme

Qu'on privilégie le midi ou le soir pour le repas plus substantiel de la journée, une chose est sûre : il faut faire de l'exercice après un repas relativement costaud. Le style de vie habituellement sédentaire de nos sociétés occidentales n'encourage en rien l'exercice. L'ordinateur après le repas, les déplacements en automobile au cours de la journée, la soirée de télé après le souper, nous sommes souvent à des lunes de l'activité physique nécessaire.

Il est fortement suggéré aux personnes atteintes de diabète de type 2 de briser les automatismes métro-boulot-dodo et d'en créer d'autres plus stimulants sur le plan de l'activité physique. On privilégiera, par exemple, tout ce qui nécessite des mouvements rythmiques, répétés et continus du même groupe musculaire comme le vélo, la marche rapide, la natation, le ski de fond. Une marche à pied d'au moins trente minutes par jour, préférablement après le repas, s'avère une excellente habitude à prendre.

Le grand défi est de faire de ces pratiques des habitudes ancrées dans la vie quotidienne et d'en faire des activités aussi essentielles et automatiques que celles de manger et de respirer. La persévérance est la clé du succès de ces pratiques. Certaines études laissent présager qu'après 3 ans, seulement 10 % des patients maintiennent le cap des changements d'habitudes alimentaires et d'activité physique. Il y a un cap à tenir, il faut persévérer.

Quelques trucs et conseils

Le Guide d'activité physique canadien pour une vie active et saine convient à merveille au traitement des personnes atteintes de diabète qui s'inspireront de ses nombreuses suggestions. Par exemple :

- Marcher le plus souvent possible, utiliser l'escalier plutôt que l'ascenseur, descendre de l'autobus quelques arrêts avant la destination.
- Prendre le vélo plutôt que l'automobile pour les courtes distances.
- Éviter de rester inactif pendant de longues périodes, devant la télé, par exemple ;
- Se lever de son siège toutes les heures, s'étirer et faire des exercices d'assouplissement au cours de longues périodes devant l'ordinateur.

Certaines personnes veulent en faire plus en s'inscrivant à un programme dans un centre spécialisé d'éducation physique. Une évaluation cardiovasculaire doit précéder le début de ces activités afin de s'assurer que la personne est apte à soutenir de tels efforts physiques.

Bénéfique complicité des proches

Manger et bouger sont des activités que la plupart des gens aiment partager avec leurs proches. La bonne compagnie, en effet, magnifie le plaisir de se détendre autour d'un repas ou celui de faire une promenade après le souper.

Changer ses habitudes pose tout un défi pour la personne atteinte de diabète. Celle-ci doit, idéalement, rallier la ou les personnes qui partagent son quotidien à la nouvelle qualité de vie vers laquelle elle tend. L'alimentation posera surtout problème et sera une source de frictions. Il n'est pas facile de changer ses habitudes alimentaires, même quand on est convaincu des effets bénéfiques de ce changement. Mais quelle motivation réconfortante, pour les personnes atteintes de diabète, quand leurs proches « embarquent » !

Les enfants de Geneviève et d'Alexandre (diabète de type 1) n'ont eu qu'exceptionnellement sur la table familiale des croustilles et des desserts à la crème fouettée. Ils se sont habitués à prendre comme collation ou comme dessert un fruit ou un yogourt. Bref, de bonnes habitudes alimentaires ont été ancrées très tôt dans leur quotidien. Pour Alexandre, les tentations de déroger à son programme alimentaire ont été réduites d'autant.

chapitre 8

Quand la médication par voie orale devient nécessaire

Raphaël – Quand les rosiers s'en mêlent… *« Je n'étais pas malade, et me voici avec un tas de médicaments à prendre, comme s'il fallait aller chez le médecin pour devenir malade. »*

RAPHAËL

Le diabète est souvent associé à une prise massive de médicaments. Une personne souffrant de diabète peut prendre facilement de 8 à 12 médicaments différents, selon l'importance de ses facteurs de risque, surtout ceux d'ordre cardiovasculaire. C'est la plupart du temps ce qui rebute la plupart des patients qui entrent chez le médecin en se croyant en bonne santé et qui en ressortent avec tout un arsenal d'ordonnances et de prescriptions.

La nécessité d'un traitement

L'intervention de médicaments dans le traitement du diabète proprement dit s'avère nécessaire quand le test d'hémoglobine glyquée est anormal (> 7 %), c'est-à-dire que, sur une période de trois mois, le taux moyen de glycation — ou glycolysation (le contact du sucre et du pigment rouge du sang qui est l'hémoglobine) — dans le sang est égal ou supérieur à 7 %, le taux normal se situant entre 4 et 6 %. C'est un marqueur indirect du niveau moyen du sucre dans le sang. Cette valeur peut varier selon les laboratoires. On travaille actuellement à une standardisation universelle de cet examen.

Rappelons les trois principaux mécanismes permettant de comprendre le diabète de type 2 :
- la résistance tissulaire à l'action de l'insuline ;
- une dysfonction dans la sécrétion d'insuline ;
- un déficit partiel en GLP-1 (glucagon-like peptide-1).

Constatant une hémoglobine glyquée supérieure à 7 %, le médecin va s'attaquer d'abord au premier mécanisme anormal du diabète, soit la résistance tissulaire à l'action de l'insuline. En d'autres termes, si le changement des habitudes de vie ne suffit pas à abaisser le niveau de sucre à un niveau normal, on aura recours à un médicament qui permettra à l'insuline de mieux pénétrer les organes cibles que sont le foie, les muscles et les tissus adipeux, et de faire un meilleur usage de sa propre insuline.

Pourquoi les médicaments ?

Le diabète en soi ne nécessite pas un traitement complexe basé sur la médication. Mais l'examen complet qui suit le diagnostic de diabète de type 2 fait découvrir dans 50 % des cas des macroangiopathies, c'est-à-dire des pathologies des gros vaisseaux, plus ou moins importantes selon les patients, qui peuvent provoquer ultérieurement des infarctus, des accidents vasculaires cérébraux (AVC) ou des maladies artérielles périphériques obstructives des membres inférieurs. Le diabète est une longue maladie dont on peut ignorer la présence, et l'action néfaste, durant de nombreuses années. Un diagnostic de diabète est souvent accompagné de diagnostics d'autres maladies qui requièrent une intervention rapide sur le plan de la médication.

Les classes de médicaments et leurs effets

Il existe sur le marché pharmaceutique une armada de médicaments antihyperglycémiants destinés à favoriser la baisse du taux de sucre dans le sang. La metformine, la plus souvent prescrite, donne de bons résultats à la baisse sur les taux d'hémoglobine glyquée et présente des risques négligeables d'hypoglycémie. Les doses prescrites varieront selon la tolérance individuelle, mais on commence en général par de petites doses qu'on augmente progressivement jusqu'à atteindre les doses optimales thérapeutiques.

La metformine favorise la captation du glucose par les tissus périphériques dont nous avons déjà parlé. Elle met en quelque sorte de l'huile dans la serrure pour que la clef, l'insuline, puisse mieux ouvrir les tissus et y favoriser la pénétration du sucre. Elle permet aux cellules bêta de se reposer en étant moins sollicitées. La metformine agit également sur le foie en réduisant la production hépatique de glucose.

Selon les résultats des tests, le médecin pourra décider de prescrire en plus de la metformine un sécrétagogue de l'insuline afin de compenser le déficit de sécrétion des cellules bêta. Ce médicament agit directement sur la cellule en stimulant la production d'insuline. Les sécrétagogues ont le mérite d'abaisser rapidement le taux de glycémie, mais la plupart d'entre eux présentent des risques plus élevés d'hypoglycémie, comme le glyburide.

On distingue deux classes de sécrétagogues : les sulfonylurées et les glinides. Les glinides diffèrent des sulfonylurées par leur courte durée d'action. Les sécrétagogues stimulent l'action de l'insuline en agissant sur les cellules bêta. Ceci permet de diminuer le taux de sucre sanguin.

Les complications associées aux sécrétagogues sont surtout l'hypoglycémie — baisse de sucre dans le sang — si on oublie de manger ou si la dose est trop forte. Ce sont aussi des médicaments qui feront prendre du poids à la longue et dont l'efficacité peut diminuer avec le temps. En cas d'insuffisance rénale, des précautions sont à prendre, principalement en ce qui concerne les sulfonylurées.

En dehors des sécrétagogues, il faut mentionner un autre groupe de médicaments, celui des thiazolidinediones, principalement représenté par la rosiglitazone et la pioglitazone, deux médicaments qui présentent une bonne efficacité pour diminuer un taux élevé de sucre dans le sang. Leur action prend cependant plusieurs semaines à se manifester. Ils sont rarement prescrits seuls, mais la plupart du temps en association avec la metformine ou avec une sulfonylurée ou un inhibiteur de l'alpha glucosidase comme l'acarbose. Ils diminuent efficacement la résistance à l'insuline, mais ils s'accompagnent d'une prise de poids et d'œdèmes chez un pourcentage restreint de personnes. Ces médicaments ne sont pas prescrits s'il y a insuffisance cardiaque à cause du risque d'œdème aigu du poumon qu'ils peuvent provoquer.

L'arcabose est un médicament qui diminue l'absorption du sucre par le tube digestif en bloquant les enzymes digestives qui permettent de scinder les sucres complexes de l'alimentation pour qu'ils soient absorbés. Des ballonnements abdominaux peuvent en limiter la prescription chez certaines personnes. Ce médicament peut être combiné à d'autres médicaments prescrits par voie orale.

Le médecin pourra aussi décider d'agir sur le déficit en glucon-like peptide-1 (GLP-1), cette incrétine digestive qui stimule la cellule bêta. L'ajout au traitement des incrétines qui compensent le déficit en GLP-1 est en plein essor.

Les incrétines ont déjà été décrites au chapitre 2. Rappelons ici qu'il s'agit d'hormones d'origine intestinale qui stimulent la sécrétion d'insuline lorsque le taux de sucre est trop élevé. Elles font défaut dans le diabète sucré. Il s'agit surtout du GLP-1. Deux façons de parer à ce déficit ont abouti à des traitements récents.

La première façon de faire consiste à prolonger l'efficacité du GLP-1 en prescrivant un médicament qui inhibe sa dégradation naturelle par une enzyme qui s'appelle la dipetidylpeptidase-4 (DPP-4). Ces médicaments font partie de la famille ou groupe des inhibiteurs de la DPP-4. On en trouve actuellement deux variétés sur le marché canadien : la sitagliptine (Jamuia^MD^) et la saxagliptine (Onglyza^MD^). Ils se prennent par voie orale, baissent la glycémie, ne provoquent pas d'hypoglycémie et ne font pas grossir.

La deuxième façon de faire consistera à donner des mimétiques ou équivalents du GLP-1. On les appelle les agonistes du récepteur du GLP-1, car ils se lient au récepteur du GLP-1 (mécanisme d'action) qui se trouve sur la cellule bêta et stimulent cette dernière à fabriquer de l'insuline dont le corps a besoin pour faire baisser le taux de sucre sanguin. Ce sont des médicaments qui imitent le GLP-1 qui fait défaut dans le diabète. Ils s'administrent par injection sous-cutanée.

Le premier médicament de cette classe vient de faire son apparition sur le marché canadien. Il s'agit du liraglutide (Victoza[MD]). Les agonistes du GLP-1 font baisser le sucre sanguin quand il est élevé, ne provoquent pas d'hypoglycémie et s'accompagnent d'une baisse significative du poids. Les premières semaines de traitement, certains patients présentent des nausées d'intensité modérée qui disparaîtront progressivement.

Les études ont démontré que très peu de patients ont abandonné ce traitement à cause des nausées. Il est clair que la surveillance après la mise en marché permettra de mieux définir le profil sécuritaire de ces nouveaux médicaments qui, pour le moment, est fort rassurant. Il faut cependant noter qu'en cas, rare, de douleurs abdominales qui surviendraient pendant l'usage de ces nouveaux médicaments, une consultation d'urgence s'impose pour éliminer le diagnostic très rare de pancréatite.

TRAITEMENT DU DIABÈTE DE TYPE 2 PAR VOIE ORALE

Propriétés	Médicaments	Noms commerciaux
Réduire la résistance à l'insuline.	**Biguanides** Metformine	 Glucophage^{MD}
	Thiazolidinédiones Rosiglitazone Pioglitazone	 Avandia^{MD} Actos^{MD}
Stimuler la sécrétion d'insuline.	**Sécrétagogues** **Sulfonylurées** Gliburide Gliclazide Glimépiride **Glinides** Repaglinide Nateglinide	 Diabéta^{MD} Diamicron^{MD} Amaryl^{MD} Gluconorm^{MD} Starlix^{MD}
Compenser le déficit en GLP-1.	**Amplificateurs d'incrétines** **Incrétinomimétiques** Exenatide Liraglutide **Inhibiteurs de la DPP-4** Sitagliptine Saxaglyptine	 Pas encore disponible Pas encore disponible Jamuia^{MD} Onglyza^{MD}
Ralentir l'absorption digestive du glucose.	**Inhibiteurs de l'alpha-glucosidase :** Acarbose	 Prandase^{MD} ou GlucobayMD

La metformine est le médicament de base prescrit pour le diabète de type 2, seul ou en association avec d'autres médicaments. La médication orale variera en fonction de la tolérance individuelle, de l'état de la fonction rénale, de la présence ou de l'absence d'une insuffisance cardiaque. Chaque traitement est ainsi individualisé par le médecin. La combinaison de plusieurs

Quand les taux de glycémie sont très élevés ou que le patient présente ou non de sérieuses complications, surtout d'ordre cardiovasculaire, le médecin aura plutôt recours à l'insulinothérapie pour ramener la glycémie à un taux normal.

médicaments est courante afin de pouvoir agir sur les trois causes principales du diabète de type 2.

L'obésité et la prise de médicaments

Un traitement spécifique pourra être mis de l'avant pour s'attaquer directement au problème d'obésité qui atteint une grande proportion des personnes qui souffrent de diabète de type 2. Les médicaments anti-obésité favorisent évidemment la perte de poids, mais ils n'influent pas toujours de façon importante sur la baisse de la glycémie. Peu de médicaments anti-obésité offrant une efficacité et une sécurité totales existent actuellement sur le marché. La prise d'exénatide et de liraglutide s'accompagne d'une perte de poids. Ils ne provoquent d'hypoglycémie que s'ils sont combinés à un secrétagogue ou à de l'insuline. L'hypoglycémie qui pourra survenir dépendra de ces derniers.

chapitre 9
L'insuline salutaire

Alexandre – La vie devant soi. *« Être obligé de prendre de l'insuline pour le reste de mes jours, ça m'a porté un gros coup. Mais je dois avouer que j'avais de gros préjugés. Ce n'est pas aussi compliqué et si terrible que ça en a l'air. »*

ALEXANDRE

Le souffle de vie

C'était un vendredi soir. La vie d'Alexandre allait prendre un tournant aussi inattendu que décisif qui n'avait rien à voir avec l'arrivée du convoité week-end après une longue semaine. En effet, une première et foudroyante crise d'hyperglycémie, diagnostiquée en urgence à l'hôpital, révéla la présence d'un diabète de type 1. Les cellules bêta, qui sécrétaient l'insuline dans le pancréas depuis vingt ans, avaient progressivement disparu des îlots de Langerhans. Plus d'insuline pour ouvrir les tissus périphériques à l'absorption des sucres et nourrir correctement les organes clés du corps. Sans l'intervention d'une insuline exogène, c'est-à-dire venant de l'extérieur, la vie d'Alexandre aurait tenu tout au plus encore quelques mois.

Avant la découverte de l'insuline en 1921, le traitement du diabète présentait des options peu encourageantes pour tous les types de diabète sucré. Il n'offrait aucun avenir aux personnes souffrant de diabète juvénile qui voyaient leur espérance de vie réduite à néant. Plusieurs formes d'insuline sont maintenant produites en laboratoire et la plupart d'entre elles ont les mêmes propriétés que l'insuline humaine. Elles permettent maintenant de compenser le déficit de production sous forme d'injections qui reproduisent de la façon la plus conforme possible le fonctionnement du métabolisme du corps humain. Ce traitement s'avère essentiel et vital particulièrement pour les personnes atteintes de diabète de type 1.

Pourquoi faut-il absolument avoir recours aux injections plutôt qu'aux pilules pour administrer l'insuline ?

Les recherches ont démontré que l'insuline en comprimés ou en ampoules buvables ne donne pas les résultats appropriés parce que leur effet est neutralisé par le travail de digestion dans l'estomac. Certains efforts de recherche se sont dirigés dans le sens d'une insuline qui pourrait se donner en vaporisateur par les voies respiratoires. Cette insuline par inhalation a été développée et retirée du marché à cause de difficultés techniques et d'effets secondaires sérieux. À défaut de résultats concluants, la seule solution de rechange qui prévaut encore à ce jour est l'insuline par injection sous-cutanée, qu'on privilégie pour la rapidité de ses effets, sa facilité d'exécution et sa fiabilité, bien qu'elle ne soit pas toujours acceptée du premier coup par le patient pour toutes sortes de raisons.

Pourquoi l'insuline par injection ?

À l'état normal, la régulation des sucres emprunte à l'horlogerie suisse la précision de son mécanisme. Après l'absorption d'aliments ou de liquides, les cellules bêta reçoivent le signal de produire l'exacte quantité d'insuline nécessaire pour acheminer aux bons endroits la quantité de glucides ingérés. On peut imaginer le défi que présente le fait de reproduire artificiellement de a à z ce mécanisme sur une base continue.

À l'annonce du traitement par injection, un patient rétorqua à son médecin : « Je ne veux pas m'injecter de l'insuline, parce que je n'aimerais pas qu'on me prenne pour un *junkie* ! » Il s'imaginait qu'on devait s'injecter de l'insuline tous les jours dans une veine pour que le traitement soit efficace. Ce qui n'est, bien sûr, pas le cas. Le traitement se fait par injections sous la peau avec des aiguilles jetables extrêmement fines qui n'ont rien en commun avec les aiguilles robustes en acier du siècle dernier. Lorsque ce patient se donna sa première injection d'insuline sous la supervision de l'infirmière, il fut très vite soulagé : « Ça fait des nuits, dit-il, que je ne ferme pas l'œil tellement j'avais peur de rater ma veine… mais c'est un jeu d'enfant… je n'en reviens pas. Êtes-vous bien sûr que c'est tout ce qu'il faut faire ? » Un large sourire de soulagement apparut sur son visage quand cela lui fut confirmé.

L'insuline à deux temps

Pour reproduire sur une base continue le processus naturel de régulation des sucres 24 heures sur 24, l'insuline se présente sous deux formes principales. La première, l'insuline prandiale ou rapide, est celle dont on préconise l'injection juste avant les repas. Comme ceux-ci occasionnent une importante montée du taux de sucre, l'injection d'insuline prandiale permet de faire face à la demande pour pallier un déficit d'insuline chez les personnes souffrant de diabète. Son action commence à se manifester dans les minutes qui suivent l'injection et elle est efficace durant environ six heures.

Durant les périodes de veille ou pendant le sommeil, le besoin de régulation des sucres reste essentiel, bien qu'il soit moins exigeant qu'après les repas. C'est ce à quoi sont destinées les insulines basales, dites lentes, qui maintiennent une certaine constance des taux de base d'insuline en dehors des repas. Leur durée d'action est de 24 heures pour les bonnes insulines basales récentes, insuline Détémir^{MD} ou Levemir^{MD} et l'insuline Glargine^{MD} ou Lantus^{MD}, à l'exception de l'insuline NPH^{MD} dont la durée d'action est de 18 à 24 heures. Cette dernière est plus ancienne ; elle date de 1946. Plusieurs autres types intermédiaires d'insulines sont utilisés. Ces insulines prémélangées (rapidité intermédiaire entre les insulines prandiales et basales) sont surtout utilisées pour des cas particuliers de diabète de type 2. Il existe une documentation détaillée des différentes insulines sur le marché.

Le médecin y choisira la prescription qui convient le mieux à son patient en utilisant des combinaisons optimales qui réduiront le risque d'hypoglycémie associé à toute prescription d'insuline.

Le traitement à l'insuline du diabète de type 1

En général, une personne atteinte de diabète de type 1 prendra chaque jour, au total, trois injections d'insuline prandiale pour les repas principaux et une ou deux injections d'insuline basale. Ce cycle quotidien permet d'imiter relativement bien ce que la nature fait de façon automatique et naturelle chez des personnes qui ne sont pas atteintes de diabète sucré.

La prescription d'insuline variera selon les personnes et leur mode de vie. Différentes options permettent, entre autres, d'administrer les insulines prandiales en fonction de la quantité de

LES INSULINES LES PLUS FRÉQUEMMENT UTILISÉES

Fonction	Types d'insulines	Noms commerciaux
Pour affronter la montée des sucres après le repas.	Prandiales (action rapide)	NovoRapid^MD^ Humalog^MD^ Apidra^MD^ Toronto Régulière^MD^
	Double action (mélange d'action rapide et Protamine)	Novomix 30^MD^ Humalog Mix^MD^ 25, 50 N 30/70 50/50 H 30/70 50/50
Pour maintenir un taux normal de sucre toute la journée.	Basales (action lente)	Levemir^MD^ Lantus^MD^ Humulin N^MD^ ou NPH^MD^

glucides ingérés. Les insulines modernes sont le NovoRapid^MD^, l'Apidra^MD^, l'Humalog^MD^, le Lantus^MD^, le Levemir^MD^, la Novomix^MD^ et l'Humalog Mix^MD^ 25, 50. Les insulines anciennes sont la Toronto Régulière^MD^ N 30/70, H 30/70 ou H 50/50.

Pour déterminer les doses d'insuline qui conviennent à un patient, une consultation est nécessaire en clinique ambulatoire où médecins, infirmières et diététistes s'affaireront à prescrire les bonnes doses et le bon type d'insuline, à enseigner les bonnes techniques d'injection et à inculquer un bon programme alimentaire.

Les modalités d'injection se sont considérablement perfectionnées au cours des dernières années.

Seringue, stylo ou pompe ?

La traditionnelle seringue cède de plus en plus le pas au stylo muni d'une cartouche qui contient plusieurs doses d'insuline rapide ou lente, ou un mélange des deux. Il ressemble au stylo dont on se sert pour écrire et se porte dans la poche de la chemise ou de la veste. Une gradation permet à l'utilisateur de choisir la dose exacte dont il a besoin. Le stylo à insuline permet de faire discrètement, rapidement et presque sans douleur, les injections, n'importe où, pendant une réunion de travail ou même au restaurant, sans que l'entourage le remarque !

La pompe à insuline, d'abord conçue pour les diabètes de type 1, infuse sous la peau et de façon continue une insuline à action rapide. Ce petit appareil électronique pas plus encombrant qu'une minicalculatrice est relié, discrètement et en permanence, au tissu sous-cutané de l'utilisateur. Au moment des repas, la pompe nécessite l'intervention de l'utilisateur qui lui donnera la consigne de libérer la quantité d'insuline requise selon le menu projeté. Ce mode d'injection présente plusieurs avantages, notamment celui d'assurer une diffusion continue et d'éviter les oublis. La pompe est programmée à différentes vitesses pour le jour et la nuit. Elle requiert cependant une certaine expérience d'utilisation et représente malheureusement une dépense souvent hors d'atteinte pour la plupart des gens.

La façon d'administrer l'insuline par voie sous-cutanée variera d'un sujet à l'autre. On y arrive encore de façon approximative, mais de plus en plus efficace avec les nouvelles insulines qui viennent de faire leur apparition sur le marché. Des études de surveillance permettent constamment d'évaluer l'innocuité à long terme de tous ces produits.

Quand l'insuline devient nécessaire pour le traitement du diabète de type 2

Le traitement oral se révélera insuffisant quand, malgré une combinaison optimale de plusieurs médicaments administrés par voie orale et une modification notable des habitudes de vie, la valeur de l'hémoglobine glyquée restera supérieure à 7 %. Il faudra à ce moment-là envisager un traitement à l'insuline.

Besoin d'aide?

Un séjour dans une unité de jour du diabète sera toujours bénéfique pour trouver la meilleure formule de traitement combinant les médicaments oraux entre eux ou en association avec la ou les insulines.

Contrairement au diabète de type 1, la prescription d'insuline peut aller d'une seule injection d'insuline basale au coucher en combinaison avec les médicaments oraux à quatre injections par jour comme pour le diabète de type 1 sans pour autant que la personne change de type de diabète. En somme, quand on a un diabète de type 1, on reste dans cette catégorie. Si on est atteint d'un diabète de type 2 et même si on prend quatre injections d'insuline par jour comme une personne atteinte de diabète de type 1, on demeure dans la catégorie de diabète de type 2 qu'on qualifie alors de « diabète de type 2 traité à l'insuline ». Il est intéressant de noter que, lorsqu'on prescrit quatre injections d'insuline par jour à une personne atteinte de diabète de type 2, le maintien de la metformine comme traitement oral permet de diminuer les doses d'insuline tout en obtenant des glycémies normalisées ou près de la normale. N'oublions pas que l'insuline est une hormone anabolique qui fait prendre du poids. La diminution des doses d'insuline a un impact positif sur le contrôle du poids qui reste l'un des principaux défis des personnes souffrant de diabète de type 2.

chapitre 10

Vivre au jour le jour avec une personne souffrant de diabète

JEANNINE

Jeannine – Quand la vigilance prend du lest. « *Le diabète est devenu le troisième compagnon de ce qui est désormais notre éternel triangle.* »

Les défis des conjoints et des proches

Le traitement du diabète est relativement simple dans ses préceptes. À la base, une meilleure alimentation et une activité physique plus musclée sont deux règles faciles à respecter pour qui cultive sa santé. Ces règles devraient convenir à tout le monde, même à ceux qui ne sont pas malades. Malgré tout, le diabète ne peut laisser indifférent l'entourage d'une personne atteinte par la maladie, et ce, dès l'apparition des premiers symptômes jusque dans les petits détails de la vie quotidienne.

Comme la personne qui souffre de diabète, les proches ont à relever un certain nombre de défis. Ils devront :

- réaliser que c'est une maladie chronique dont le proche ne guérira pas ;
- accepter qu'il s'agit une maladie sérieuse, même si les symptômes ne sont pas toujours alarmants ;
- respecter sans compromis la régularité des habitudes de vie ;
- changer certaines de leurs façons de faire ;
- développer leur responsabilité personnelle sans trop s'en mettre sur le dos ;
- comprendre que la maladie est une nouvelle compagne de vie qui ne va pas les lâcher : soit qu'elle fortifiera la relation avec la personne malade, soit elle en viendra à mettre fin à leur relation.

Des défis au quotidien

Le proche devra se rappeler deux défis quotidiens, l'hypoglycémie et l'hyperglycémie, auxquels il aura à se préparer et à faire face à un moment ou à un autre. Si l'hyperglycémie donne le temps d'évaluer et de trouver la cause éventuelle d'une montée brusque de la glycémie — consommation d'un bon dessert à base de crème ou de sirop d'érable — l'hypoglycémie quant à elle n'attend pas et doit être corrigée rapidement. C'est une question de minutes, comme nous le verrons un peu plus loin. L'hypoglycémie nocturne est la plus stressante et souvent la plus dramatique.

Les unités de traitement et d'enseignement pour le diabète seront d'un grand secours pour faire connaissance de façon approfondie avec cette nouvelle compagne. On y découvrira la nature du diabète et les façons de le contrôler, les médicaments prescrits, le rôle de l'alimentation et celui de l'exercice physique. Les consignes concernant l'information à entrer dans le carnet d'autocontrôle y seront expliquées. Et le risque de complications aiguës et chroniques sera examiné et documenté tout en donnant des moyens de les éviter, ou à tout le moins d'en adoucir l'impact.

Aux premières loges des premiers symptômes

Raphaël, un amoureux de la nature, des plantes et des fleurs, exerce le métier de jardinier depuis trente ans. Laurence, sa conjointe, s'inquiète de le voir insensible aux nombreuses piqûres occasionnées par le fait de tailler ses rosiers à mains nues. Avec le temps, ses mains ressemblent davantage à celles d'un menuisier ou d'un bûcheron qu'à celles qui manient délicatement les petites pousses vertes et les jolies fleurs. Ce n'est pas normal, elle en est convaincue ; elle craint surtout que l'enthousiasme de son mari au travail ne puisse expliquer à lui seul l'absence de sensibilité aux mains. Elle se demande si cette insensibilité ne traduit pas un problème de santé important. Elle insiste pour que Raphaël consulte le médecin de famille de qui il s'est toujours tenu loin, « la meilleure façon, selon lui, de ne pas tomber malade… » Les tests sanguins dévoilent un taux de sucre sanguin à 16 mmol/L, presque trois fois supérieur à la normale : Raphaël souffre d'un diabète de type 2, sans aucun symptôme autre que l'atteinte des nerfs périphériques, donnant lieu à une perte de la sensibilité au niveau des mains, mais aussi des pieds. Le médecin découvre également que Raphaël souffre d'hypertension artérielle et d'hypercholestérolémie, des facteurs de risque de maladie cardiaque fréquemment associés au diabète sucré.

Les symptômes reliés au diabète de type 2 apparaissent en général de façon progressive et si discrète que seules l'intimité et une observation attentive peuvent en dévoiler les manifestations : envie fréquente de manger et d'uriner, fatigue, vue parfois brouillée, et dans certains cas, perte de sensibilité des membres périphériques, comme pour Raphaël. Précieuses conjointes, donc, qui, comme Laurence, connaissent bien leur douce moitié !

À l'inverse, il arrive parfois — assez rarement, dieu merci — qu'un conjoint cache à son ou à sa future partenaire de vie son état diabétique. Ainsi, c'est par hasard et après quinze jours de mariage que Brigitte surprend Denis, son conjoint, sur le point de se donner une injection. Le sol se dérobe sous ses pieds quand elle apprend que son mari, qui a aujourd'hui 55 ans, souffre de diabète de type 1 depuis la jeune vingtaine. C'est tout un changement de cap qu'elle doit envisager! Son besoin d'information sur le sujet est sans limites, à la mesure du lien qui l'unit à Denis. Elle franchit rapidement toutes les étapes de l'information, de la compréhension et de l'acceptation afin de s'ajuster à cette nouvelle réalité, fonder une famille et bâtir l'avenir sur des bases solides.

Ce témoignage, rapporté par le magazine français *Équilibre* (édition mai-juin 2009), confirme l'importance du soutien de l'« autre » qui, par son ouverture et sa détermination, fait en sorte que le couple puisse mener une vie la plus « normale » possible.

Alimentation et activité physique : le soutien inestimable des proches

JEANNINE ET BERNARD

Depuis qu'ils se connaissent, Jeannine a appris à vivre les exigences quotidiennes du diabète de type 1 dont souffre Bernard depuis qu'il est tout petit. En fait, ce fut relativement facile pour elle d'adopter les habitudes de vie de son mari et d'« embarquer » dans son monde de rituels, d'injections, de glycémies capillaires et de calcul des glucides, puisqu'il avait lui-même surmonté sa résistance et accepté son diabète de type 1 comme faisant partie intégrante de sa vie. Jeannine a voulu comprendre son homme et bien vivre avec lui. Après avoir participé à des tables rondes regroupant des personnes atteintes de diabète et avoir suivi des cours de cuisine afin d'apprendre à préparer des plats sains qui ont du goût, elle s'est inscrite à des cours de diététique et de diabétologie pratiques.

Bien vivre avec une personne atteinte de diabète, cela ne vient pas tout seul, cela se travaille. Apprendre à planifier « même les imprévus », prendre les repas à heures fixes, calculer la valeur énergétique de chaque aliment et toujours évaluer sa capacité à faire un effort physique soutenu, cela contribue à créer un climat parfois difficile à supporter. En général, les gens bohèmes ne sont pas très doués pour faire face à la régularité et à la discipline qu'exige le contrôle du diabète. Plus les personnes sont jeunes, plus les contraintes peuvent leur paraître lourdes et plus elles éprouvent des difficultés à se plier à des horaires fixes. De telles contraintes semblent parfois insurmontables. Par ailleurs, plus la maladie est enracinée, plus la rigueur est de mise et plus les exigences sont fortes. Le diabète ne donne de répit ni au malade ni à son entourage.

Vivre avec le stress

Bernard a-t-il pensé à manger sa pomme entre ses deux réunions de travail? Raphaël a-t-il oublié de prendre sa metformine ce matin avant de partir tailler les spirées d'un client et déménager les rosiers du voisin? Rosalie est partie en excursion dans les Adirondacks. A-t-elle prévu tout ce qui lui faut en cas de malaise? Alexandre a-t-il mangé suffisamment pour soutenir l'effort que lui demandera la finale de hockey qu'il est allé jouer avec son club d'amis ?

L'inquiétude est constante pour les personnes qui vivent de près avec les exigences du diabète. Cette maladie sournoise, on croit parfois la connaître à fond, mais, tapie au fond de chacun, se terre la certitude qu'elle réserve souvent des surprises, et pas nécessairement d'agréables.

Le plus difficile, pour certains proches, c'est de sentir la pression constante du conjoint atteint de diabète.

Ne pas oublier les injections, toujours calculer, ne jamais se laisser aller, devoir être « performant », ne jamais laisser place à l'erreur, encore moins devant témoin… Le traitement, la rigueur et les nécessaires contraintes créent un climat favorable aux sautes d'humeur qui jalonnent le parcours des personnes atteintes de diabète. De plus, la variation du taux de sucre sanguin crée un terrain fertile à de telles fluctuations. Difficiles à prendre, ces excès de colère imprévus et parfois injustifiés pour un proche qui met beaucoup d'énergie à s'adapter aux exigences d'une condition physique qui n'est pas la sienne.

Enfin, une épée de Damoclès brandit constamment sa menace : l'angoisse devant l'éventualité d'une crise d'hypoglycémie peut créer une tension constante pour qui vit avec une personne atteinte de diabète sucré qui se permet des écarts de conduite alimentaire et d'activité physique sans contrôle.

Vie de famille : la progéniture est-elle à risque ?

Le diabète offre-t-il un avenir à la famille ? Il fut un temps, pas si lointain, où le diabète sucré était une contre-indication à la procréation. Heureusement, les choses ont changé : il existe toujours des cas à risques, mais moins qu'on le pense. Par exemple, dans les cas de diabète de type 1 chez l'un des parents, le risque que l'enfant développe un diabète sucré à long terme est de 5 %. Ce risque est plus élevé lorsque le père est diabétique. Dans les cas de diabète de type 2, le risque est de 25 % et il est plus élevé si c'est la mère qui est atteinte de diabète.

Le risque est donc, comme on le voit, plus faible dans les cas de diabète de type 1. Pour le diabète de type 2, fortement associé à l'obésité, l'éducation précoce à de bonnes habitudes de vie est un moyen très efficace pour en prévenir l'apparition chez les enfants.

À titre d'exemple, Alexandre et Geneviève ont eu deux beaux enfants et aucun des deux ne montre jusqu'à présent — ils ont maintenant 9 et 11 ans — des signes de diabète de type 1. D'un autre côté, le fils aîné de Raphaël et de Laurence — ils en ont trois — a des prédispositions au diabète de type 2 dont il faut se méfier à cause de sa tendance à l'obésité.

Vie sexuelle : l'impuissance et le diabète sucré

JEANNINE

Lors d'une dernière rencontre « entre filles », Jeannine entend ses amies parler d'un article récemment paru dans un magazine où l'on évoquait différentes causes de l'impuissance masculine comme l'abus d'alcool, le tabac et le surmenage, auxquelles s'ajoutait le diabète sucré. Son mari étant diabétique et sous le coup de la surprise, Jeannine n'ose pas intervenir, d'autant plus que la question ne se pose pas pour le moment. Néanmoins, cette question lui trottera dans l'esprit pendant une longue semaine avant qu'elle puisse en parler à un professionnel de la santé.

Le diabète sucré peut effectivement s'accompagner d'une impuissance sexuelle, souvent reliée à un mauvais contrôle du taux de sucre pendant des années. Un homme éprouvera alors de la difficulté à avoir une érection permettant une relation sexuelle normale. On parlera, dans ces cas, de dysfonction érectile. Il est cependant faux de penser que tous les hommes atteints de diabète vont en souffrir. Le « contrôle du taux de sucre » permet d'éviter les complications à la source de cette dysfonction comme :

- la lésion des nerfs responsables de l'érection;
- la lésion des artères apportant de l'oxygène aux nerfs et aux organes génitaux, appelée artériosclérose.

Il faut garder en mémoire que d'autres facteurs peuvent intervenir dans la dysfonction érectile, certains médicaments, par exemple, le surmenage, des troubles hormonaux et des problèmes psychologiques. On remarque d'ailleurs que ces derniers sont beaucoup plus fréquents chez les diabétiques et expliquent environ 70 % des cas de dysfonction érectile. Une consultation en sexologie ou en urologie permet souvent de faire la part des choses. Le contrôle de la pression artérielle et du taux de cholestérol, une bonne hygiène de vie, une consommation d'alcool réduite, l'arrêt du tabac, moins de repas au restaurant où abondent les aliments riches en gras saturé, plus d'exercice, de détente et de vacance, si possible, et enfin un meilleur contrôle de la glycémie pourront donner des résultats surprenants.

Chez la femme, les problèmes sexuels sont moins évidents et se résument la plupart du temps à une baisse de la libido. L'impact du diabète sucré sur la sexualité féminine reste encore à définir.

Pour des grossesses à moindres risques

En situation de diabète, la grossesse se planifie. Une condition *sine qua non* est de bien contrôler la glycémie avant de devenir enceinte et d'éviter les risques de complications tant pour la mère que pour l'enfant.

Pour la mère, la grossesse peut s'accompagner de complications reliées au diabète, comme la rétinopathie. Les infections urinaires peuvent être fréquentes. L'hypoglycémie est à redouter ainsi que les complications sévères sous forme d'acidocétose qui apparaissent quand les taux de

La contraception contre-indiquée?

La contraception chez la femme diabétique en âge de procréer n'est pas différente de celle de la femme non diabétique. Qu'il s'agisse de contraception hormonale (pilules à œstrogène et progestatif, pilules à progestatif, injections intramusculaires de progestatif, anneau intra-utérin avec progestatif) ou mécanique (stérilets, préservatifs, diaphragmes, spermicides), le choix final revient à la femme et à son partenaire après avoir demandé conseils à son médecin. Divers autres facteurs comme l'âge, la présence de complications reliées au diabète et les habitudes de vie de la femme (alcool, tabac) entrent en ligne de compte dans le choix de la méthode appropriée. L'avis d'un professionnel de la santé pourra s'avérer fort utile.

sucre et d'acidité deviennent très élevés dans le sang. Ces complications peuvent même nécessiter une hospitalisation. Le chapitre 12, « En crise — Le diabète poussé à bout », donnera plus de détails sur ces situations extrêmes. Si la vigilance est de rigueur en situation de diabète, elle l'est doublement dans le cas d'une grossesse.

Pour l'enfant, les malformations, la prématurité, la mort *in utero* et l'hypoglycémie à la naissance sont à redouter. Une fausse couche peut aussi survenir. Ces complications sont plus fréquentes chez les femmes atteintes de diabète. Pour cette raison, une grossesse avec diabète est une grossesse à risque qui mérite un suivi médical serré. Il existe, dans les centres hospitaliers, des unités spécialisées qui s'occupent spécifiquement de ces grossesses.

Vie sociale et loisirs : peut-on vivre normalement?

Plusieurs aléas ponctuent la vie d'une personne atteinte de diabète, et par voie de conséquence, la vie des proches qui en partagent le quotidien. Il leur faut apprendre à faire face aux imprévus sans pour autant déroger au bon contrôle du sucre sanguin. Nous présentons ci-après certaines situations que la personne diabétique et ses proches devront apprendre à surmonter ensemble.

« Ce soir, on va au restaurant au centre-ville. »

Un minimum d'entraînement est nécessaire pour bien choisir ses aliments, en quantité et en qualité. Les diététistes aident les personnes atteintes de diabète à évaluer approximativement la composition d'une assiette. Les repas au restaurant sont plus riches en gras et en sel. De plus, les quantités y sont souvent plus généreuses, il faut donc y faire particulièrement attention. Une demi-portion sera toujours un bon choix. Gare aux buffets ! Une assiette ne devrait pas déborder, car il ne faut pas oublier que les glucides en occupent le quart de la surface.

« Chez Marie-France et Philippe pour souper. »

Quand se présente une invitation à manger chez des amis, la première question qui se pose est : « À quelle heure allons-nous manger ? » L'hypoglycémie est à redouter si un repas est retardé et que la personne atteinte de diabète a pris un médicament qui aide son pancréas à produire de l'insuline — par exemple, des sulfonylurées : glyburide, glyclazide — ou qu'elle s'est donné une injection d'insuline. Il faut garder en mémoire de ne jamais s'injecter de l'insuline rapide sans savoir à quel moment précis on mangera. Le spectre de l'hypoglycémie risque d'être au rendez-vous et la soirée chez les amis s'en trouvera gâchée.

Si un repas est retardé et que la personne diabétique a pris un comprimé qui aide son pancréas à sécréter de l'insuline, il lui est conseillé de prendre une collation de quinze grammes de glucides, l'équivalent d'un fruit, à l'heure habituelle du repas, et d'en tenir compte dans le calcul des glucides lorsqu'elle se mettra à table. Pour une attente plus longue avant le repas, de quinze à trente grammes de glucides sont recommandés. S'il le faut, elle vérifiera sa glycémie. En ce qui concerne l'insuline prandiale ou même les médicaments oraux, elle doit les prendre au moment où elle mange.

On se rappellera qu'une consommation excessive d'alcool n'est pas conseillée dans la vie de tous les jours, même pour les personnes qui ne sont pas diabétiques. On comprendra qu'elle est à plus forte raison déconseillée à celles qui le sont.

« Puis-je boire du vin? »

Voilà une question pertinente à se poser devant un repas où le nectar de Bacchus est au rendez-vous.

Il faut toujours garder en mémoire qu'une consommation excessive d'alcool peut conduire à court terme à une hypoglycémie sévère. L'effet de l'alcool peut être aussi hyperglycémiant (augmentation du sucre dans le sang) s'il s'agit d'alcools riches en sucres comme la bière, le vin cuit et les apéritifs. La recommandation habituelle est la suivante : on peut consommer de l'alcool en mangeant à condition que le diabète soit bien contrôlé.

Ces consignes sont à peu près les mêmes pour toute personne, diabétique ou non, qui présente certains risques cardiovasculaires, en raison de son âge ou de son historique familial, par exemple. Le mot d'ordre est : modération.

L'activité physique et l'alcool ne font pas bon ménage, que ce soit avant, pendant ou après l'exercice. Si un effort physique doit être déployé dans une activité sportive ou de loisir, l'alcool n'est pas un bon compagnon.

Après une soirée où on aura consommé un peu plus ou beaucoup plus que d'habitude d'alcool, il est conseillé de prendre une collation au coucher (quinze grammes de glucides ou l'équivalent d'un fruit). Afin d'éviter les mauvaises surprises, vérifier la glycémie à 2 ou 3 h est une bonne précaution supplémentaire.

Les symptômes d'hypoglycémie ressemblent à ceux de l'ébriété. À première vue, l'entourage pourrait croire que la personne diabétique a un peu trop bu, ce qui pourrait banaliser les symptômes d'une crise imminente. Ceci a pour effet de retarder la réaction d'urgence qui est celle d'administrer du sucre sur le champ, boissons sucrées, dessert supplémentaire. Un bracelet d'identification, à porter en tout temps, est conseillé.

Il est bon de rappeler que l'alcool consommé régulièrement et en quantités immodérées peut faire monter la pression artérielle, le taux des triglycérides — une forme de gras dans le sang — et le poids.

Une consommation, c'est :

- **340 ml de bière**
- **ou 150 ml de vin rouge**
- **ou 60 ml de xérès sec**
- **ou 45 ml d'alcool distillé.**

Avec l'alcool, la modération a aussi sa place :

- **un maximum de neuf consommations par semaine pour les femmes ;**
- **un maximum de quatorze consommations par semaine pour les hommes.**

Le diabète voyage

Les voyages ne sont pas à proscrire pour une personne diabétique, loin de là. Elle peut voyager comme toute personne normale, mais en prenant quelques précautions supplémentaires. Son médecin traitant lui remettra une « lettre du voyageur atteint de diabète » qui lui permettra de traverser les frontières ainsi que les postes de sécurité avec son équipement de traitement et de contrôle glycémique. À moins d'une urgence, elle ne devrait pas entreprendre un voyage si son diabète n'est pas bien contrôlé. Dans tous les cas, il lui sera toujours utile de se munir d'un bracelet d'identification ou d'une pièce d'identité qui spécifie qu'elle est diabétique.

Le traitement du diabète exige autant et sinon plus de discipline pendant un voyage.

Voici quelques consignes et points de repère qui rendront la vie plus facile et enlèveront peut-être un stress inutile à la personne diabétique et à ceux qui l'accompagnent en voyage :

- s'en tenir à l'horaire habituel des repas et des collations ;
- maintenir l'autosurveillance glycémique afin de s'assurer que le diabète est toujours bien contrôlé ;
- avoir toujours sous la main une provision d'aliments pour prévenir la survenue d'hypoglycémie ;
- ajuster les heures d'injections d'insuline selon les décalages horaires. Ces ajustements dépendront du nombre d'heures de décalage et se feront selon le régime d'insulinothérapie prescrit. Il est fortement conseillé

d'en discuter avec son médecin traitant avant chaque voyage.

Quand grippe, rhume et autres troubles bénins viennent brouiller les pistes

Les besoins de l'organisme en insuline augmentent quand surviennent des maladies bénignes comme la grippe, le rhume ou la gastro-entérite. La glycémie aura tendance à s'élever et le diabète à se déséquilibrer. Voici quelques conseils qui soulageront l'indécision et l'anxiété qui en résultent.

1. Continuer à prendre ses médicaments en augmentant les quantités d'insuline, selon les indications de son médecin.

2. Bien s'hydrater en buvant beaucoup d'eau.

3. Prendre les quantités de glucides prescrits aux repas et aux collations.

4. Effectuer fréquemment la mesure des glycémies capillaires, de la température et des corps cétoniques dans les urines. La présence de corps cétoniques signe le fait que le diabète est mal contrôlé à cause d'un manque d'insuline. Les corps cétoniques proviennent de la dégradation de la graisse. En cas d'un manque d'insuline ou d'une demande en insuline plus prononcée, par exemple, au moment d'une fièvre ou d'une maladie qui s'ajoute au diabète,

le corps, ne pouvant utiliser le glucose, ira puiser de l'énergie dans les graisses. La dégradation des graisses produit des corps cétoniques, des acides pouvant provoquer à la longue un coma acidocétosique, qui constitue une urgence médicale surtout dans le cas d'un diabète de type 1. La présence de corps cétoniques en grande quantité dans les urines est une indication qu'il faut se rendre tout de suite à l'urgence afin de se faire donner de l'insuline par voie intraveineuse. On prescrira peut-être aussi des solutés qui aideront à reprendre les forces nécessaires dans les cas de douleurs abdominales, de nausées et de vomissements.

Tout patient diabétique, surtout de type 1, doit avoir un kit de bâtonnets pour mesurer les corps cétoniques dans ses urines en cas de maladie comme la grippe ou la gastro-entérite. Le coma acidocétosique est très rare, voire inexistant, dans le diabète de type 2.

5. Se rendre à l'urgence dans un cas d'une gastro-entérite accompagnée de nausées, de vomissements et de diarrhées qui empêchent de boire et de manger. On pourra auparavant consulter d'autres ressources comme le service Info-Santé, pour des informations factuelles, ou son médecin traitant pour des conseils spécifiques. Il faut prévenir son médecin ou se rendre à l'urgence :
   - si la glycémie (le taux de sucre sanguin) est plus élevée que 20 mmol/L;

Bien vivre avec une personne atteinte de diabète

On ne peut y échapper, la vie partagée avec une personne atteinte d'un handicap sérieux présente un bon défi d'adaptation. C'est vrai pour toutes les maladies, chroniques ou pas, et dans toutes les situations où la condition d'une personne requiert une attention soutenue qui peut devenir stressante si elle n'est pas bien intégrée, et ce, autant par la personne atteinte que par son entourage.

Il n'y a pas de recette miracle. La nature et l'intensité des liens qui unissent les individus varient à l'infini. Ainsi, les compromis, que quelqu'un est prêt à faire pour, malgré tout, trouver une façon de bien vivre ensemble, ne sont pas interchangeables d'une situation à une autre. Une chose reste sûre : un proche qui partage le quotidien avec une personne atteinte de diabète doit se prêter à une collaboration de premier plan dans la vie de tous les jours.

- s'il y a des corps cétoniques dans le sang ou les urines ;
- si les vomissements empêchent toute alimentation ;
- si la fièvre dépasse les 38,5 °C ou 101 °F.

Des appuis qui aident vraiment

Toutes les formes d'encouragement de la personne diabétique sont les bienvenues, à commencer par celui d'endosser le diagnostic et de suivre le traitement avec diligence. Il n'est pas rare de voir un patient, complètement abattu et négatif à l'annonce d'un diabète, appuyé par un proche optimiste qui ponctue la visite chez le médecin de phrases comme : « Tu vas voir, on va s'en sortir ».

Encourager chez la personne diabétique un sentiment de responsabilité dans son traitement, ce n'est pas se mettre cette responsabilité sur les épaules. Au contraire, plus elle aura un plein contrôle de sa vie, moins le poids sera lourd pour son entourage. Cultiver, par exemple, le plaisir de choisir ensemble les aliments au marché, de les cuisiner et d'en faire de bons petits plats fera le bonheur de tous en conformité avec la nouvelle approche alimentaire santé. C'est là un exemple parmi d'autres de prendre son sort en main de façon agréable.

On sait que l'isolement est parfois une voie d'évitement et une solution de facilité pour les personnes diabétiques. Afin de vaincre cet

Vient se greffer à cette ouverture vers l'autre un sentiment de responsabilité qui n'est pas toujours facile à gérer. Jusqu'à quel point doit-on se sentir responsable du dérapage d'un conjoint qui, par exemple, ne suit pas son traitement, oublie ses médicaments et néglige son activité physique régulière ? Le proche ne peut prendre sous son aile une partie de la responsabilité du bien-être de l'autre que si celui-ci est lui-même profondément engagé dans la recherche d'une qualité de vie dans son traitement. Collaborer, oui, mais ne pas y laisser sa peau !

isolement, plusieurs solutions « à faire ensemble pour aller dans la même direction » peuvent être envisagées. Ainsi, un proche pourra encourager la collecte de renseignements sur l'état de la recherche et des découvertes, favoriser l'adhésion à des associations de personnes atteintes de diabète et la participation à leurs différentes activités, stimuler les rencontres et les amitiés avec des personnes qui partagent et comprennent la vie avec le diabète, etc.

« Regarde ce que je viens de trouver pour toi ! » est une phrase qui fait toujours plaisir à entendre. « Cette petite robe bleue te fait tellement bien » sera perçu comme un encouragement à la perte de poids enregistrée au cours des dernières semaines. « Bravo pour la randonnée de 10 km à bicyclette ! » récompensera l'effort et gratifiera l'ego. Distribués à dose raisonnable, les compliments ne laissent personne insensible.

Prendre soin de soi pour ne pas y laisser sa peau

Vivre avec une personne atteinte de diabète présente des défis comparables à ceux que la personne diabétique doit elle-même relever. Acceptation de la maladie, changement de style de vie, réflexion sur l'avenir et le sens de la qualité de la vie devront être d'autant plus encouragés si les impératifs du traitement requièrent un virage à 180 degrés par rapport aux habitudes d'hier. Les exemples ne manquent pas de ces personnes qui ont accepté, tout de go ou avec le temps, de faire une place importante à la situation particulière d'un conjoint atteint de diabète, et ce, jusqu'à changer leur propre façon d'envisager la vie. Toutefois, tous se retrouvent à un moment ou à un autre devant la difficile question : « Jusqu'où dois-je aller quand trop n'est pas suffisant ? »

La règle à suivre est la suivante : je me concentre sur la réalité de ce que je peux faire pour l'autre et je n'exige pas de moi-même l'impossible.

Puisque ce n'est pas ma maladie, la responsabilité finale du succès du traitement ne peut pas m'appartenir. Les oublis et les erreurs existent, mais aucune autre personne que celle qui subit le traitement ne peut en être tenue responsable. Le « tu as oublié de m'y faire penser » est souvent le signe de patients qui arrivent mal à assumer la gestion de leurs propres difficultés. « Tu n'exagères pas un peu, là ? » peut faire réaliser que le deuxième verre de vin est peut-être de trop, même si c'est Noël. Mais la décision n'appartient qu'à la personne diabétique.

Il est salutaire aussi d'identifier les situations qui demandent un effort qui ne fait pas appel au meilleur de nous-mêmes. Est-ce que quelqu'un d'autre dans l'entourage pourrait le faire plus efficacement ? Ainsi, Étienne pourra se faire une joie d'effectuer avec Philippe ses trente minutes de marche rapide du matin, alors que c'est devenu un calvaire pour Stéphanie d'accompagner son conjoint, beau temps mauvais temps.

La connaissance de la maladie est aussi un bon remède contre l'anxiété que celle-ci peut générer. Se tenir soi-même informé des nouveaux médicaments et de leur impact, comprendre les risques réels de la dégradation de la maladie sans s'alarmer inutilement, cultiver les liens avec d'autres conjoints de personnes atteintes de diabète, échanger sur des réseaux de personnes diabétiques : voilà autant de façons d'avoir un certain contrôle sur la maladie d'une personne diabétique qui nous est chère.

Et si le stress dépasse la limite du supportable, on n'hésitera pas à demander conseil aux unités de diabète présentes dans tout le réseau de la santé. Si celles-ci se préoccupent d'abord des malades, elles s'intéressent aussi au bien-être des gens qui peuvent leur faciliter la vie.

Troisième partie
AGIR EN CRISE

« Je l'ai surpris au beau milieu de la nuit devant la télé à tenter de changer de chaîne en pitonnant sa montre comme si c'était une télécommande. Il était dans un tel état de confusion et d'agitation, je ne savais plus quoi faire ! »

Jeannine, *Quand la vigilance prend du lest*

Ce commentaire s'ajoute à tant d'autres qui témoignent du sentiment d'angoisse et d'impuissance qui habite conjoints et proches aux premières loges d'une crise d'hypoglycémie sévère. Bien que ces crises puissent la plupart du temps être évitées, elles jalonnent à des degrés divers le parcours de vie des personnes atteintes de diabète.

Reproduire exactement les mécanismes que le corps humain conçoit normalement par lui-même serait un travail de bénédictin. Le traitement à l'insuline n'y échappe pas. Malgré les avancées de la recherche, nous sommes encore loin de la greffe d'un pancréas électronique qui remplacerait l'organe défectueux. Toutefois, la somme de connaissances acquises et les réalisations de la médecine depuis les dernières décennies permettent maintenant d'arriver à des résultats qui, il n'y a pas si longtemps, étaient hors de portée. Nous avons aujourd'hui une diversité de nouvelles insulines de plus en plus performantes qui ouvrent la voie à des traitements pouvant s'adapter à la personnalité et aux habitudes de vie des personnes atteintes de diabète. Un grand pas a été franchi, plusieurs batailles ont été remportées, mais la guerre n'est pas gagnée. L'équilibre du tandem insuline et sucres reste précaire et requiert une vigilance de tous les instants pour naviguer entre les risques toujours menaçants de crises hypoglycémiques.

chapitre 11

L'hypoglycémie, l'ennemi numéro un

JEANNINE

Jeannine – Quand la vigilance prend du lest. « *Le plus difficile depuis la dernière crise de Bernard, c'est la peur constante qu'une autre hypoglycémie nous réveille au beau milieu de la nuit et nous entraîne à nouveau dans un cauchemar éveillé.* »

Il relève de l'évidence que les calculs à la base des doses d'insuline prescrites ne peuvent qu'être approximatifs, basés sur l'évaluation d'une certaine quantité de sucre absorbée et celle d'un certain niveau d'exercice physique déployé. Mais les journées sont faites de nombreux imprévus : une activité monopolise tout à coup toute la concentration, des sollicitations imprévues bousculent les horaires. Oublier de prendre la collation de l'après-midi ou faire un exercice soutenu sans avoir prévu équilibrer la dépense d'énergie avec une dose suffisante de sucre sont des erreurs humaines qui peuvent être fatales.

Un suivi rigoureux

Pas de répit pour le contrôle de la glycémie

Un suivi minutieux de tous les instants constitue la clé du contrôle de la glycémie, en particulier pour ceux et celles qui sont soumis au traitement à l'insuline. On remarque que les gens qui arrivent à bien se connaître, à bien comprendre les mécanismes du diabète et à suivre pas à pas leurs niveaux de glycémie tout au long de la semaine sont ceux qui vivent le mieux avec la maladie, peu importe sa progression ou sa sévérité.

Les glycémies capillaires, faites quotidiennement par la personne diabétique, sont une source d'information inestimable parce qu'elles donnent la mesure du taux de sucre dans le sang à l'instant présent. Elles sont ainsi nommées parce que la méthode utilisée préconise la « perception » du sang à partir des petits vaisseaux capillaires des doigts. Les gouttes de sang sont recueillies sur une bandelette qui indique à l'instant même le niveau de sucre.

Les mesures de glycémie capillaire prennent tout leur intérêt quand elles sont compilées au fur et à mesure dans le carnet d'autocontrôle distribué dans les unités de diabète des centres hospitaliers et des CLSC. Les utilisateurs ne comprennent pas toujours bien l'immense service qu'ils se rendent à eux-mêmes en remplissant religieusement leur carnet même s'ils éprouvent souvent un certain détachement quant à son rendement. On entend souvent ce commentaire dans les unités de diabète : « On m'a demandé d'enregistrer mes résultats, mais je ne sais pas vraiment quoi en faire. »

Durant les premières semaines du traitement, les personnes à qui l'on vient de diagnostiquer un diabète de type 1 ou de type 2 traité à l'insuline sont tenues d'effectuer une glycémie capillaire jusqu'à huit fois par jour : au lever et après le déjeuner, avant et après le repas du midi, avant et après le repas du soir et au coucher. Le traitement du diabète de type 2 sans injection d'insuline exigera un contrôle moins strict. Par exemple, les glycémies pourront être notées dans le carnet une seule fois par jour, en alternant les quatre moments de la journée. Avant le repas du matin, le dimanche ; avant le repas du midi, le lundi ; avant le repas du soir, le mardi (schéma page suivante), et ainsi de suite durant un mois complet. Le patient participe ainsi de façon active au contrôle qu'il exerce sur la maladie.

La fréquence des glycémies requises variera selon le traitement recommandé par le médecin. Une chose est sûre, plus les injections d'insuline sont importantes, plus un contrôle serré sera exigé.

Les données sont enregistrées au fur et à mesure dans le carnet d'autocontrôle de la glycémie. Elles donnent au médecin les indications nécessaires pour faire un profil de la montée et de la baisse des taux de sucre à différentes périodes de la journée et pour adapter les doses d'insuline en conséquence. Si, par exemple, les taux de sucre dépassent largement la limite de la normalité — 7 mmol/L — avant le souper du mercredi, l'analyse permettra d'évaluer la situation et d'y déceler un problème particulier. S'ils frôlent la barre inférieure du 4 mmol/L fatidique, il se pourrait qu'un stress particulier ait été vécu ce jour-là ou qu'un exercice physique inadéquat ait provoqué cette chute. Peut-être faudra-t-il compenser par une absorption plus substantielle de féculents et d'autres aliments porteurs de glucides au cours du repas qui suit les glycémies défaillantes ou peut-être faudra-t-il ajuster les doses d'insuline.

CARNET D'AUTOCONTRÔLE DE LA GLYCÉMIE — UNE SEMAINE TYPE

1-Tous les jours avant et après chaque repas et au coucher (glycémie en mmol/L)

		Avant le déjeuner	2 heures après le déjeuner	Avant le dîner	2 heures après le dîner	Avant le souper	2 heures après le souper	Au coucher
23/04	Dimanche	6,3	8,7	6,5	9,8	7,0	10	6,8
24/04	Lundi	6,0	7,8	5,6	9,0	6,2	4,5	6,1
25/04	Mardi	5,7	8,2	2,6	8,2	5,6	9,2	5,8
26/04	Mercredi	6,5	9,0	6,1	8,5	6,3	8,8	5,6
27/04	Jeudi	5,8	9,5	7,2	9,5	6,8	6,7	6,0
28/04	Vendredi	5,5	8,8	6,6	10,0	7,2	9,0	6,5
29/04	Samedi	6,2	9,3	5,8	7,8	6,3	8,5	5,7

2-Une fois par jour, à des heures différentes, en alternances d'un jour à l'autre (glycémie en mmol/L)

		Avant le déjeuner	2 heures après le déjeuner	Avant le dîner	2 heures après le dîner	Avant le souper	2 heures après le souper	Au coucher
23/04	Dimanche	6,3						
24/04	Lundi			5,6				
25/04	Mardi					5,6		
26/04	Mercredi							5,6
27/04	Jeudi	5,8						
28/04	Vendredi			6,6				
29/04	Samedi					6,3		

Le carnet d'autocontrôle permet de suivre au jour le jour les variations du taux de sucre dans le sang et d'exercer un contrôle essentiel sur le diabète. Il y a plusieurs façons d'inscrire les informations dans le carnet. Voici deux exemples. Tous les jours, sept fois par jour, avant et après les repas et au coucher, pour un contrôle maximal. Une fois par jour, avant les repas ou au coucher, à des heures et des jours différents, en alternance. Les données sont exprimées en mmol/L.

Le carnet d'autocontrôle aide aussi la personne atteinte de diabète à mieux se connaître en permettant d'établir certaines associations d'aliments qui provoquent les montées anormales des valeurs glycémiques et de les éviter par la suite. Les personnes qui ne prennent pas d'insuline sont moins astreintes à mesurer leurs glycémies capillaires au jour le jour. Cependant, le médecin traitant pourrait exiger ces mesures en fonction du type de traitement ou de certaines situations particulières.

Quand la machine s'emballe

Le corps humain vit confortablement avec une glycémie qui se situe entre 4 et 6 mmol/L. Quand le taux de glycémie chute sous la barre des 4 mmol/L, le sang n'a pas sa ration suffisante de sucre. Or, celui-ci est la nourriture principale du cerveau qui, privé de cette source nutritive, souffrira et transmettra son malaise à l'ensemble du corps. L'hypoglycémie devient alors menaçante. Même les personnes qui comprennent à fond les mécanismes du diabète et contrôlent très bien leurs glycémies depuis des années ne sont pas à l'abri d'un tel bouleversement.

BERNARD ET JEANNINE

Premier épisode d'hypoglycémie majeure dans la vie de Bernard et de Jeannine, comme un gros nimbus chargé de pluie après un ciel sans orage. En rentrant du travail, un mardi soir, Bernard se sent fatigué et un peu faible, état qu'il met sur le compte d'une journée particulièrement chargée. Les nouvelles télévisées de 18 h accaparent son attention : on doit en effet y annoncer un scoop qui aura un impact probable sur sa carrière. À 18 h 20, le murmure de la télé qui parvient jusqu'à la cuisine, où Jeannine prépare le repas, est soudain interrompu par le claquement sec d'une télécommande qui frappe le plancher et par le fracas d'un pot de fleurs renversé. Jeannine se précipite au salon. Bernard est pris de transpirations soudaines et abondantes. Impossible pour lui d'articuler un seul mot. Il est au plus mal. Jeannine lui apporte un verre de jus d'orange, puis un deuxième, suivi de quelques biscuits. L'effet bénéfique se fait sentir après une quinzaine de minutes. « J'ai oublié de prendre ma collation à 15 h », avoue péniblement

Au-delà des différences entre les personnes atteintes de diabète, les abus d'alcool présentent, pour toutes, des risques considérables. L'activité physique est un autre facteur inducteur d'hypoglycémie. La dépense d'énergie occasionnée par l'effort nécessite une contribution plus grande de glucides pour maintenir l'équilibre avec l'insuline. Il faut manger un peu plus et prendre une bonne collation avant l'exercice.

Bernard. Une omission qui peut paraître inoffensive pour la plupart des gens, mais qui peut être fatale pour quiconque est soumis à quatre injections d'insuline par jour. L'erreur ne fait pas partie du plan.

Comment prévenir la foudre hypoglycémique ?

L'hypoglycémie représente une véritable épée de Damoclès pour quiconque suit un traitement à l'insuline. Plus les doses quotidiennes sont fortes, plus le risque est grand que le corps se trouve à un moment ou à un autre en manque de sucre. Les risques sont constants pour les diabètes de type 1, alors que les types 2 traités à l'insuline présentent aussi leur part d'aléas. Un traitement à quatre injections par jour détermine autant de périodes à risque durant la journée : vers 10 h, vers 14 ou 15 h, après le repas du soir et autour de 2 ou 3 h. Le corps pourrait donc manquer de sucre quelques heures après les repas et en plein milieu de la nuit.

Le risque varie selon que les doses d'insuline prescrites sont fixes ou variables en fonction des glucides ingérés. Pour les doses fixes, le risque repose sur la possibilité d'un mauvais calcul des glucides : « J'ai tant d'insuline à prendre à midi, je ne peux manger plus que tant de glucides. » Dans le cas des doses variables, le calcul est fait au cas par cas : « J'ai un gros repas en vue, j'aurai besoin d'une bonne dose d'insuline. » La marge d'erreur repose sur un mauvais calcul de l'insuline à injecter.

Reconnaître les signes avant-coureurs

Le désordre glycémique s'annonce la plupart du temps par des signes indicateurs qui varient d'une personne à une autre : tremblements, transpiration, palpitations, confusion, faim subite, faiblesse, troubles de la vue. Ces indicateurs sonnent l'alarme : le corps manque de sucre, il faut manger ou boire tout de suite des aliments ou des boissons qui en contiennent avant que l'hypoglycémie passe d'un incident de parcours à une situation grave. Malheureusement, les signes annonciateurs d'une hypoglycémie prochaine ne sont pas évidents pour tous.

Souvent, les glycémies bien contrôlées depuis de nombreuses années peuvent donner lieu à une certaine accoutumance aux manifestations premières de l'hypoglycémie. Comme si le système d'autodéfense avait tendance à s'émousser avec le temps. Chez certaines personnes, cela crée la redoutable situation de ne pas voir venir la crise et de se retrouver abruptement livrées à un état d'hypoglycémie avancée. Malheureusement, plus le contrôle du diabète est bien exercé, plus le seuil de sensibilité aux signes qui actionnent le déclic d'urgence baisse. C'est ainsi que les personnes qui ne contrôlent pas bien leur glycémie sont en général très sensibles aux fluctuations.

Par ailleurs, la sensibilité aux signes indicateurs est aussi fonction de l'écart entre le point de départ et le point d'arrivée du taux glycémique. Une chute abrupte du taux de sucre pourra déclencher des signes d'hypoglycémie même si l'indice reste normal. Par exemple, même chez une personne qui contrôle bien son diabète, passer de 10 mmol/L (trop élevé) à 5 mmol/L (normal) pourra mettre en branle des signaux d'alarme comme si le corps s'inquiétait de l'envergure du changement et craignait pour la suite. Alors qu'une minime baisse de 4,5 mmol/L à 3 mmol/L (trop bas) pourra passer inaperçue. Comme l'indice glycémique varie légèrement, le corps ne s'alarme pas, même chez des personnes qui ne contrôlent pas bien la maladie. Les situations sont donc très variées, les cas sont loin d'être simples. De là, l'importance de se connaître soi-même et de bien comprendre son propre fonctionnement.

Que faire quand un proche entre en phase hypoglycémique?

Les hypoglycémies sont toujours spectaculaires, surtout quand elles dérapent rapidement vers l'état comateux. Avant d'en arriver là, un proche, que ce soit le conjoint ou la conjointe, un membre de la famille ou un ami, remarquera les signes extérieurs les plus évidents et les plus fréquents : tremblements, transpiration profuse nocturne, faim subite, impatience ou agressivité inexpliquée, comportement bizarre. Précieux avertissements que le proche entendra comme un appel urgent, de la part de la personne qui frôle la limite de l'hypoglycémie, à ingurgiter sans plus attendre une boisson qui contient des sucres rapides en bonne quantité. Un grand verre de jus, un deuxième même, fera l'affaire. Les liquides sont à privilégier parce que leur action se fait sentir presque instantanément, dans les quinze minutes qui suivent. Leur action pourra être par la suite renforcée par l'ingestion de biscuits et d'autres aliments solides à sucres rapides. Il est important de s'assurer que l'hypoglycémie n'a pas atteint un degré de sévérité — perte de conscience ou coma hypoglycémique — qui empêcherait de boire normalement, ce qui risquerait de provoquer l'étouffement. Nous verrons dans le prochain chapitre les actions recommandées aux proches dans les cas critiques de coma hypoglycémique.

En général, l'hypoglycémie s'annonce de façon manifeste par des sensations comme une faim subite, des transpirations abondantes, un degré de nervosité inhabituel, des tremblements ; elle ne conduit pas nécessairement à la perte de conscience. Lorsqu'elle survient à l'approche d'un repas, il faut prendre celui-ci immédiatement après la correction rapide de la glycémie avec l'absorption d'un jus, par exemple, et réajuster la médication, si elle en est la cause.

On le voit, corriger une hypoglycémie se joue à l'intérieur de quelques minutes.

Quant à l'hyperglycémie, en situation de diabète de type 1, elle peut se manifester en quelques heures et l'état de la personne se détériorer rapidement en quelques jours. Une chose est sûre : il faut essayer de corriger toute situation anormale d'hyperglycémie lorsqu'elle se présente. On conseillera, par exemple, à une personne souffrant d'un diabète de type 1, dont les glycémies s'élèvent sans aucune raison, de les surveiller pendant deux jours et d'apporter une correction à sa médication si la montée glycémique persiste. Elle devra alors augmenter les doses d'insuline, si elle a appris à le faire, ou recourir à son médecin pour procéder à ce réajustement.

La situation est plus critique si la montée des glycémies s'accompagne de signes et de symptômes d'une maladie intercurrente, c'est-à-dire qui survient pendant la durée d'une autre : fièvre, manque d'appétit, céphalées, troubles digestifs accompagnés de nausées et de vomissements. La mesure de la glycémie devra s'accompagner de celle des corps cétoniques dans le sang et dans les urines. Si ceux-ci sont en abondance dans les urines, une visite à l'urgence la plus proche s'impose, car un coma acidocétosique se prépare.

Pour le diabète de type 2, les glycémies peuvent s'élever pendant plusieurs semaines sans pour autant produire des manifestations spectaculaires, mais elles méritent tout de même d'être corrigées. Un diabète de type 2 mal contrôlé avec des glycémies très élevées (30-40 mmol/L) mènera la personne qui en souffre à l'urgence pour cause de déshydratation, dont les signes sont des urines abondantes et une soif intense. Ce type de situation cache presque toujours une maladie sous-jacente comme une pneumonie ou une grave infection urinaire. On parle alors de décompensation hyperosmolaire, ce que l'on appelait autrefois coma diabétique. Les personnes qui en sont atteintes peuvent éprouver des troubles de conscience reliés à la déshydratation ou à un sang trop épais. Ce sont heureusement des situations de moins en moins fréquentes, mais elles peuvent encore survenir par négligence.

Pour prévenir ces formes de décompensations hyperglycémiques, la personne diabétique doit surveiller ses glycémies capillaires, surtout en cas de maladie, et agir promptement.

chapitre 12

En crise ! Le diabète poussé à bout

Raphaël – Quand les rosiers s'en mêlent… *« Docteur, j'ai souvent l'impression que mes orteils sont gelés, endormis. Je me sens parfois obligé de les masser pour leur redonner de la vie. Je suis inquiet, croyez-vous que je devrai subir une amputation comme mon voisin qui vient de perdre la moitié d'un pied ? Il est diabétique, comme moi. »*

RAPHAËL

Rosalie – Vivre seule avec le diabète. *« J'ai récemment suivi une émission qui parlait du don d'organes et des greffes. Le diabète est la première cause d'insuffisance rénale. L'hémodialyse me fait peur, cela risque-t-il de m'arriver ? »*

ROASLIE

Ces questions posées au médecin traitant par certains patients restent chez d'autres à l'état d'inquiétude latente. Dans les faits, il faut reconnaître que certains médecins n'aiment pas trop évoquer la perspective à long terme de complications qui pourraient survenir. Est-ce parce qu'ils ne savent pas comment les éviter ou simplement parce qu'ils ignorent comment les soigner ? Les choses ont beaucoup changé depuis la découverte de l'insuline. Il est ici important de faire brièvement le point sur les complications chroniques du diabète sucré et d'en tirer un message essentiel. Ces complications ne sont pas une fatalité. S'il reste beaucoup de chemin à faire pour les prévenir, on a appris, au fil du temps, à mieux les soigner.

Les principaux organes cibles que le diabète peut attaquer sont bien connus : ce sont les yeux, les reins, les pieds, le cœur et les vaisseaux sanguins.

Les yeux

La rétine est la partie essentielle de l'œil, c'est l'organe responsable de la vision. Le diabète mal contrôlé peut l'endommager de façon irrémédiable. La maladie de la rétine due au diabète se nomme rétinopathie diabétique. Les taux de sucre élevés dans le sang attaquent la paroi des capillaires, les petits vaisseaux de la rétine. Ceux-ci, devenus anormaux, peuvent éclater ou se rompre provoquant des hémorragies. Il existe divers degrés de sévérité de la rétinopathie diabétique.

La fréquence de la rétinopathie, toutes formes confondues, chez les personnes atteintes de diabète de type 2 est à peu près de 60 % après 20 ans d'évolution de la maladie diabétique. Plusieurs personnes porteuses de diabète de type 2 ont déjà une rétinopathie lors du diagnostic du diabète.

Zone sensible

La zone la plus sensible de la rétine est la macula où se situe le centre de la vision. Elle peut être endommagée par l'excès de sucre dans le sang qui provoquera un œdème maculaire, c'est-à-dire un gonflement pouvant sérieusement réduire la vision. Dans le diabète de type 1, elle est exceptionnelle avant 5 ans d'évolution de la maladie. Puis, sa fréquence croit rapidement pour devenir présente chez presque toutes les personnes après quinze ans d'évolution de la maladie. En effet, 97 % des personnes atteintes depuis plus de 15 ans ont au moins une tache rouge appelée microanévrysme, un amas de capillaires anormaux au niveau de la rétine. Mais rétinopathie diabétique ne veut pas dire nécessairement cécité. En effet, la majorité des patients ont souvent une vision normale, mais le risque d'autres complications rétiniennes pouvant conduire à une perte de la vision est présent. La forme la plus grave, la rétinopathie proliférante, est rare avant quinze ans d'évolution de la maladie diabétique. On constate cependant que sa fréquence augmente régulièrement au fil des ans et peut atteindre 60 % de personnes diabétiques au bout de 40 ans d'évolution de la maladie.

Que faire pour éviter la rétinopathie diabétique ?

Le bon contrôle du diabète est une condition essentielle pour diminuer le risque de rétinopathie, voire l'éviter. Des études ont démontré sans ambiguïté qu'un bon contrôle du sucre sanguin s'accompagnait à long terme d'une forte réduction du risque de rétinopathie et de cécité. Et si la rétinopathie apparaissait, elle l'était dans sa forme la plus bénigne.

Le bon contrôle de la pression artérielle et du cholestérol aide également à éloigner le spectre de la cécité.

Un examen du fond de l'œil s'avère essentiel au moment du diagnostic du diabète de type 2. Des visites régulières chez un ophtalmologiste sont absolument nécessaires. Il faut souligner que certains optométristes ont une excellente formation dans le diagnostic de la rétinopathie et sont à l'avant-garde de la détection précoce de cette complication dont les traitements modernes sont d'une grande efficacité.

Que faire si la rétinopathie apparaît malgré le bon contrôle de la glycémie ? La rétinopathie simple peut s'aggraver avec le temps, notamment après plus de vingt années d'évolution de la maladie diabétique. À ce stade, elle devient proliférante et menace la vision, car des hémorragies secondaires à l'éclatement de petits vaisseaux anormaux dont elle est constituée peuvent survenir et provoquer une importante hémorragie dans l'œil qui sera à l'origine de la perte de la vision.

L'une des réussites les plus spectaculaires dans le traitement de la rétinopathie diabétique proliférante de ces dernières décennies est le traitement précoce au laser qui protège la rétine saine et évite des hémorragies dans l'œil. Il s'agit en fait de la photocoagulation au laser, un traitement très efficace de la rétinopathie diabétique, traitement d'autant plus efficace qu'il est pratiqué précocement avant même que ne s'installe une baisse de la vision. En presque vingt ans de pratique diabétologique au Québec, je compte sur les doigts d'une seule main le nombre de mes patients qui ont perdu la vue. Les consultations régulières en ophtalmologie et l'application précoce du laser y sont pour beaucoup.

En outre, même si une hémorragie survient, la partie n'est pas perdue pour autant. La chirurgie de l'œil chez les personnes atteintes de diabète est heureusement d'une efficacité redoutable… à condition qu'on se présente chez l'ophtalmologiste quand il le faut et quand le médecin traitant le recommande. Le carnet de santé doit indiquer la séquence temporelle de visites obligatoires chez l'ophtalmologiste en fonction de l'état de la rétine.

Même si le diabète demeure la première cause de cécité, ce n'est plus une fatalité. Le bon contrôle de la glycémie, de la pression artérielle et du cholestérol, une bonne hygiène de vie et des visites régulières chez l'ophtalmologiste sont de puissantes mesures pour éloigner à jamais le spectre de la cécité.

Les reins

L'atteinte rénale due au diabète s'appelle la néphropathie diabétique. Avoir mal aux reins est une expression populaire pour dire qu'on a mal au bas du dos dans la région lombo-sacrée, la partie inférieure de la colonne vertébrale. Les reins sont en fait des organes filtreurs. La néphropathie diabétique n'est pas douloureuse, mais elle indique que le diabète s'est attaqué à leur fonction principale qui est la filtration. Il s'ensuit une accumulation de déchets dans le sang. Le premier signe que le rein fonctionne mal est une élimination anormale d'albumine dans les urines. Cette atteinte ne cause aucune douleur. La prévention de cette complication repose sur son dépistage. Le médecin averti pratiquera régulièrement un examen des urines à la recherche du premier signe avant-coureur de la néphropathie diabétique, soit la microalbuminurie qui révèle la présence d'une petite quantité d'albumine dans les urines. À ce stade, nous disposons de moyens médicaux pour réduire le risque d'évolution de la maladie vers l'insuffisance rénale chronique puis terminale.

Les nerfs

La neuropathie diabétique est l'atteinte des nerfs causée par le diabète. Son risque augmente en fonction de la durée du diabète, et

Que faire pour prévenir la néphropathie diabétique?

Il est à souligner que seuls 40 % des diabétiques développeront une néphropathie après plusieurs dizaines d'années d'évolution de la maladie. D'autres facteurs interviennent comme la qualité du contrôle du diabète — le taux de sucre sanguin a-t-il été bien maîtrisé par le passé? —, la pression artérielle ainsi que des antécédents familiaux d'hypertension et/ou de néphropathie.

Un bon contrôle du diabète et de la pression artérielle par le traitement de l'hypertension, une bonne hygiène de vie caractérisée par l'arrêt du tabac et l'exercice physique pratiqué de façon régulière, font en sorte de réduire le risque d'apparition de la néphropathie diabétique ou de stopper son évolution. En cas d'insuffisance rénale terminale, la dialyse et la greffe rénale sont des traitements auxquels on aura recours. Les diabétiques représentent au-delà de 50 % de toutes les personnes sous dialyse. Les pourcentages varient en fonction des lieux géographiques. Le diabète sucré demeure cependant la première cause d'insuffisance rénale, avant l'hypertension artérielle et les maladies purement d'origine rénale non associées au diabète.

comme les autres complications, de son mauvais contrôle. Le taux de sucre trop élevé dans le sang provoque plusieurs altérations comme des gonflements et la détérioration de la myéline, la gaine protectrice des nerfs. À la longue, les nerfs seront déformés et perturbés dans leur fonctionnement.

Les nerfs peuvent être comparés à des fils électriques qui transmettent normalement diverses sensations du corps au cerveau. Ce dernier, en retour, trie ces sensations et les harmonise. En situation normale, le toucher léger, la caresse, l'effleurement, une chaleur douce ou vive, un coup de marteau sur un doigt seront ressentis en tant que tels dans leurs dimensions d'intensité et d'amplitude. La neuropathie diabétique peut faire disparaître cette harmonie qui permet aux sensations de traverser le corps par l'intermédiaire de la moelle épinière jusqu'au cerveau. Celui-ci répondra de façon anormale : une caresse sera ressentie comme une brûlure ou ne sera pas ressentie du tout.

Madeleine n'a éprouvé aucune douleur lorsqu'elle a marché sur des morceaux de verre à la suite de l'éclatement de la porte-fenêtre de son chalet. On a extirpé de son talon un morceau de verre huit mois après cet évènement. Les complications de la neuropathie diabétique sont de plusieurs ordres. La perte de la sensibilité à la douleur est la complication la plus fréquente au niveau des membres inférieurs. Comme Madeleine, Simon a peu fait attention à la corne qui se développait à la base de son gros orteil jusqu'à ce que son médecin détecte un ulcère qu'il fallut traiter le plus rapidement possible. Les ulcères non douloureux constituent la cause principale des amputations chez les personnes atteintes de diabète.

Entre 15 et 20 % des personnes diabétiques auront des problèmes aux pieds durant leur vie. La surveillance des premiers signes d'ulcères aux pieds permet de les détecter à temps et de les soigner. J'ai mis de l'avant, à la clinique du pied du CHUM (Pavillon Hôtel-Dieu), une série de conseils pour les patients atteints de diabète, conseils que j'ai appelés « les dix commandements pour la surveillance et les bons soins des pieds ». Cet outil est une aide précieuse dans le combat quotidien contre d'éventuelles complications du diabète au niveau des pieds.

Le livre intitulé *Connaître son diabète pour mieux vivre*, réédité chaque année par le pavillon Hôtel-Dieu du CHUM explique en détail chacune de ces directives.

La neuropathie peut affecter plusieurs autres organes comme le tube digestif, le système urogénital et le cœur. Elle se manifestera alors sous forme d'une constipation opiniâtre suivie de diarrhées explosives, de digestion ralentie appelée gastroparésie, de troubles du rythme cardiaque, d'impuissance sexuelle, de troubles urinaires ou de transpirations localisées à la tête, au visage ou au thorax, lors des repas. Ces problèmes méritent d'être discutés avec le médecin pour la recherche d'un traitement approprié. Ces traitements existent, et il est maintenant possible de renverser une situation qui pourrait devenir inquiétante.

Les dix commandements pour la surveillance et les bons soins des pieds

1. S'examiner les pieds tous les jours.
2. Ne jamais marcher pieds nus.
3. Se laver les pieds tous les jours.
4. Bien soigner la peau des pieds, éviter la sécheresse, poncer avec soin les zones où la peau est épaissie.
5. Garder les ongles suffisamment longs.
6. Ne jamais traiter soi-même durillons, cors ou ampoules.
7. Changer de chaussettes tous les jours.
8. Choisir ses chaussettes avec soin.
9. Éviter les risques de brûlure et d'engelure.
10. Signaler immédiatement au médecin ou au spécialiste en soin de pieds toute anormalité, lésion, coloration inhabituelle et insensibilité.

Le diabète, le cœur et les vaisseaux sanguins

On dit souvent que le diabète est le cancer du cœur et des vaisseaux. Cet énoncé résume à lui seul une réalité statistique indéniable. La fréquence des maladies cardiovasculaires est en baisse dans l'ensemble de la population depuis le milieu des années 1980, mais en hausse constante chez les personnes atteintes de diabète. C'est la principale cause de décès pour 80 % d'entre elles. Le risque de maladies cardiovasculaires est de deux à trois fois plus élevé chez les personnes atteintes de diabète que dans la population en général. Les vaisseaux atteints sont surtout les artères de moyen et de gros calibre comme les artères coronaires, autour du cœur, les carotides, qui partent du cœur et passent par le cou jusqu'au cerveau, et les artères qui vont vers les membres inférieurs, cuisses, jambes et pieds.

Cette atteinte, aussi appelée macroangiopathie ou artériosclérose, provoque un durcissement de la paroi des artères à cause de l'accumulation de substances toxiques comme des corps gras. Cette réaction est la conséquence, une fois de plus, d'un taux de sucre sanguin trop élevé pendant plusieurs années, mais aussi d'une pression artérielle et d'un cholestérol qui se maintiennent régulièrement au-dessus de la normale.

Trois manifestations principales d'athérosclérose sont redoutées dans le diabète : l'infarctus du myocarde communément appelé « attaque cardiaque », l'accident vasculaire cérébral ou AVC et l'artérite des membres inférieurs, une inflammation qui atteint les artères des jambes.

Une évaluation en cardiologie s'impose pratiquement pour toutes les personnes atteintes de diabète. Le minimum à faire est un électrocardiogramme qui mesurera l'activité électrique du cœur.

Les complications aiguës ou les comas diabétiques

Les complications aiguës sont heureusement devenues rares dans les régions dotées d'un bon soutien médical et grâce à la multiplication des unités d'enseignement et de traitement pour diabétiques. Néanmoins, elles surviennent encore et laissent souvent un goût amer aux personnes qu'elles frappent. Elles sont pourtant faciles à prévenir dans la plupart des cas.

Le coma hypoglycémique

La perte totale du contrôle de soi à cause d'un niveau de sucre trop bas est une situation exceptionnelle. Les signes avant-coureurs sont nombreux et devraient alerter la personne concernée et lui faire comprendre qu'une action immédiate est nécessaire. La majorité des médicaments ne présente pas de risques hypoglycémiques. Toutefois, les personnes qui prennent des comprimés doivent savoir que les sulfonylurées (glyburide ou Diabeta^MD^, gliclazide ou Diamicron^MD^, glimépiride ou Amaryl^MD^, par

Prévenir l'attaque cardiaque, l'AVC ou l'artérite des membres inférieurs

Pour prévenir les complications qui menacent les gros vaisseaux, il faut assurer un bon contrôle des facteurs de risque et ne rien laisser au hasard dans la rigueur de la discipline :

1. Bien contrôler le taux de sucre sanguin.
2. Cesser de fumer.
3. Bien contrôler la pression artérielle avec le soutien de médicaments, au besoin.
4. Adopter une alimentation saine et équilibrée.
5. Faire de l'exercice physique régulièrement.
6. Prendre régulièrement les médicaments prescrits pour diminuer le mauvais cholestérol, le LDL-cholestérol.

exemple) et les glinides (repaglinide ou Gluconorm[MD]) peuvent provoquer des hypoglycémies. Là encore, une différence existe entre ces médicaments quant au risque qu'ils présentent. Le glyburide est le plus puissant et le plus redoutable, surtout chez les personnes âgées qui oublient de manger après l'avoir absorbé. Une baisse brutale du taux sanguin de sucre pourra se produire et durer longtemps. Une consultation à l'urgence et un court séjour à l'hôpital peuvent être nécessaires pour que la personne se rétablisse.

Le traitement à l'insuline s'accompagne souvent d'hypoglycémies. Les hypoglycémies mineures peuvent se présenter fréquemment. Elles sont facilement contrôlables lorsqu'elles sont bien ressenties et rapidement corrigées par la prise d'un sucre rapide. On sait qu'elles vont surtout survenir dans les intervalles libres des repas qui correspondent habituellement aux heures des collations, soit à 10 h, à 15 h et entre 21 h et 22 h.

Les hypoglycémies majeures nécessitant l'intervention proche sont rares. Comme les hypoglycémies mineures, elles peuvent survenir aux heures des collations, mais aussi à d'autres heures.

Certains facteurs favorisent l'apparition des hypoglycémies :

1. Une médication trop forte : au médecin de procéder alors au réajustement des doses de sulfonylurées, de glinides ou d'insulines.

2. Une erreur de dosage : des doses trop fortes d'insuline, par exemple, par rapport à la quantité de nourriture (glucides).
3. Une erreur du type d'insuline : une injection d'insuline rapide au lieu d'une insuline lente.
4. Un repas sauté ou reporté.
5. Une activité physique importante non compensée par la prise régulière de collations. Des exemples : s'injecter de l'insuline et tondre son gazon pendant plus d'une heure sans prendre de collation ; partir faire un tour à bicyclette avec des amis après avoir pris sa dose d'insuline et oublier, dans la joie de la randonnée, de prendre une collation après quarante-cinq minutes de cet exercice. Ceci est aussi vrai pour les activités physiques d'intérieur, que ce soit le grand ménage de printemps, des exercices aérobiques, les quilles ou la danse.
6. L'alcool et les médicaments hypoglycémiants ne font pas bon ménage. Les hypoglycémies surviendront immanquablement si l'on consomme trop d'alcool sans bien s'alimenter. La modération a très bon goût surtout quand il s'agit du diabète.

Nous avons vu que les diabétiques de longue date peuvent perdre la capacité de sentir venir leurs hypoglycémies. Si tel est le cas, un contrôle fréquent des glycémies capillaires s'impose pour éviter des hypoglycémies profondes et graves. Le traitement, il va de soi, doit être modifié en conséquence.

Des conseils pour éviter les hypoglycémies

- Une vie régulière et des repas à des heures régulières.
- Un appareil à contrôler les glycémies capillaires à avoir avec soi.
- Du sucre sous plusieurs formes rapides (liquide, gel, comprimés à croquer, sachets de sucre, etc.) à garder sous la main.
- Une bonne connaissance des heures où les médicaments que l'on prend vont agir au maximum et risquer de causer des hypoglycémies.
- Une collation à prévoir quand on fait des activités physiques inhabituelles.

Que faire quand le proche sombre dans un coma hypoglycémique ?

Il a perdu connaissance depuis quelques minutes, avant même d'avoir eu le temps d'absorber des sucres rapides. Il ne faut en aucun cas essayer de lui administrer des liquides sucrés par voie orale, car ces liquides risquent de se diriger directement dans les poumons et de provoquer des complications pulmonaires infectieuses dangereuses. La personne inconsciente perd sa capacité de déglutir normalement.

À domicile, une hypoglycémie sévère, qui entraîne une perte de conscience, se traitera par une injection intramusculaire de glucagon administrée au malade par un proche. Il s'agit bien d'injection intramusculaire et non d'injection intraveineuse et les proches des personnes à risque sont familières de ce type d'intervention. L'entraînement préalable est rapide et dure moins de deux minutes.

Les doses prescrites de glucagon sont fixes : 1 mg de poudre à mélanger dans une solution de dilution, juste avant l'injection. Ces *kits* d'urgence sont gardés à domicile à portée de main. Les proches jouent ici un rôle crucial et salvateur. Ils doivent préparer la solution à injecter, administrer l'injection, et surtout, garder leur sang-froid ! Le glucagon fera monter le taux de sucre dans le sang en 10 ou 20 minutes en attendant l'arrivée de l'ambulance. Le glucagon est le seul médicament à administrer en attendant que les secours arrivent. Il n'est pas rare que la personne reprenne connaissance, parfois bien avant l'arrivée des secours.

En milieu hospitalier, les hypoglycémies sévères se traitent avec administration intraveineuse d'un glucose concentré appelé « glucose hypertonique ». Il n'est pas possible de pratiquer cette intervention à domicile.

Heureusement, les hypoglycémies sévères sont rares. Ceci est sans doute le résultat d'un enseignement systématique des facteurs de risque des hypoglycémies. On évite ainsi de retarder ou de sauter un repas, on connaît mieux les moments critiques pour les hypoglycémies — 10 h, 15 h, 21 h, après un exercice physique important comme tondre le gazon, skier, nager ou faire une longue promenade — et on bannit la consommation d'alcool avec la prise de médicaments à jeun.

chapitre 13

Les soutiens extérieurs

ROSALIE

Rosalie – Vivre seule avec le diabète. *« Le besoin de me connecter à des réseaux d'information et de soutien est devenu indispensable pour moi qui vis seule. »*

Cette réaction souvent entendue à l'annonce d'un diagnostic de diabète témoigne de l'anxiété profondément ressentie par les personnes atteintes et leurs proches. Un sentiment d'angoisse et parfois de découragement difficile à juguler devant l'envergure du défi à relever. La maladie peut parfois sembler insurmontable devant la complexité et la quantité d'informations à assimiler et à comprendre pour réussir à la contrôler. Le sentiment d'isolement fait aussi partie du lot d'inquiétudes. Le fait d'être soumis à une discipline et à des contraintes relativement rigides peut entraîner le sentiment d'une marginalité évidente et stressante.

Depuis les vingt dernières années, des pas de géants ont été franchis pour mieux informer et encadrer les personnes atteintes de diabète et briser les solitudes. Les associations de personnes diabétiques proposent aujourd'hui des outils efficaces et un éventail impressionnant d'informations et de services autrefois inaccessibles. Les centres spécialisés dans le traitement du diabète sont de plus en plus nombreux à offrir un encadrement et des références au jour le jour. Par ailleurs, Internet ouvre l'accès direct à l'information et stimule la communication entre les personnes atteintes de diabète. Les témoignages affluent sur le Net mais aussi dans les magazines consacrés au diabète. De plus, chaque année, les éditeurs offrent de nouveaux livres accessibles à tous qui portent sur un aspect particulier du diabète. Ce réseau de nouveaux soutiens extérieurs met un baume sur le dénuement et l'isolement des personnes atteintes de diabète et leurs proches.

Les associations

Sur le plan national, deux grandes associations regroupent les personnes atteintes de diabète sucré et les professionnels s'intéressant à cette pathologie. Il s'agit de l'Association canadienne du diabète (ACD) et de Diabète Québec (DQ). Ces deux organismes sans but lucratif ont pour mission première d'aider les personnes diabétiques à mener une existence normale. Informer, sensibiliser, prévenir, assurer des services, favoriser la recherche, et même défendre les droits des personnes atteintes de diabète, voilà dans quelles directions ces associations orientent leurs actions. Elles fournissent une foule d'informations ayant trait au diabète sucré et à tout ce qui se rapporte de près ou de loin à cette maladie. Les sites Internet de ces organismes sont particulièrement étoffés et sont accessibles à tous sans frais.

À l'échelle internationale, trois grandes associations se démarquent par l'envergure de leurs activités et de leurs services concernant le diabète sucré. L'Association américaine du diabète (ADA) regroupe des centaines de milliers de membres à travers le monde. Il en va de même pour l'Association européenne pour l'étude du diabète (AEÉD) et de la Fédération internationale du diabète (FID) dont le 20e congrès mondial a eu lieu à Montréal, en 2009. Le nombre de participants à ces congrès est de l'ordre de 15 000 à 20 000, ce qui donne une bonne idée de l'amplitude du rayonnement de ces regroupements. Ces associations et fédérations sont une source inestimable d'informations sur le diabète sucré, sur les nombreux développements de la recherche fondamentale et sur le traitement de cette maladie.

Les centres d'information sur le diabète

Chaque centre a son propre programme et les cours sont donnés par des éducateurs spécialisés dans le traitement du diabète. Il peut s'agir d'une infirmière, d'un psychologue, d'une nutritionniste, d'un pharmacien ou de tout autre professionnel de la santé. Une des premières

Diabète Québec

Diabète Québec (www.diabete.qc.ca), qui comptait plus de 30 000 membres en 2009, recense sur son site Internet 106 centres de référence, de formation et d'information sur le diabète au Québec. Ce nombre serait en croissance rapide compte tenu de l'augmentation fulgurante des besoins. La plupart de ces centres d'information sont intégrés au Centre de santé et de services sociaux (CSSS) d'une région ou à un Centre local de santé communautaire (CLSC). La liste de ces centres est accessible sur le site Internet de Diabète Québec, un relevé d'autant plus utile et efficace qu'il répertorie les centres dans dix-sept régions du Québec tout en indiquant les coordonnées de l'établissement ainsi que le nom d'une personne ressource dans chacun des centres.

démarches à entreprendre à l'annonce d'un diagnostic de diabète est de prendre contact avec le centre le plus proche et de s'informer des différents services qui y sont offerts. Certains centres offrent des programmes bien étoffés, notamment à l'intérieur d'unités de jour qui accueillent les personnes atteintes de diabète et leurs proches pour répondre à leurs questions. Les nutritionnistes aident les malades et leurs proches, conjoints ou amis, à mettre au point un programme d'alimentation sur mesure. Les psychologues leur proposent des pistes de réflexion pour les amener à accepter la maladie de façon positive et à faire face au défi qu'elle représente. L'infirmière, de son côté, donne de précieux conseils sur l'importance de suivre le traitement à la lettre et contribue à démystifier le fardeau des injections d'insuline, dans le cas où celles-ci font partie du traitement.

Ces centres névralgiques sont des points de repère qui deviennent de plus en plus des réseaux d'informations essentiels pour bien vivre avec le diabète.

La toile tissée serrée de l'information sur Internet

En 2010, le moteur de recherche Google propose 5 900 000 résultats au mot clé « diabète ». Inutile de préciser que les informations ne sont pas d'égal intérêt et ni d'égale fiabilité. En fait, la profusion d'informations de toutes sources peut à la limite avoir l'effet contraire, c'est-à-dire provoquer une sorte de désinformation frustrante pour la personne avide de données fiables.

Les sites les plus utiles sur le plan de l'information et des échanges sont ceux des diverses associations dont il a été question auparavant. Voici les plus intéressants :

- www.diabete.qc.ca
  (Diabète Québec)
- www.diabetes.ca
  (Association canadienne du Diabète)
- www.diabetes.org
  (American Diabetes Association)
- www.afd.asso.fr
  (Association française des Diabétiques

Le site Internet de Diabète Québec est particulièrement bien étoffé et fournit toutes les références de proximité dans le contexte québécois. Sa section « Vivre avec le diabète » fourmille d'informations sur les soins et les médicaments ainsi que sur les différentes insulines. Son volet « Alimentation » est particulièrement utile : il propose une approche nutritionnelle claire, des recettes, des trucs pour toutes les occasions, des données sur la valeur nutritive des aliments, sur les portions et les diètes. Sa rubrique « Activité physique », un maillon essentiel du traitement du diabète, offre une bonne entrée en matière pour établir soi-même un plan d'activité physique approprié. On peut même y évaluer si l'on est une personne à risque en se soumettant à un test qui prend en compte l'indice de masse corporelle, les habitudes alimentaires, l'activité physique quotidienne, l'hérédité et le tour de taille. En plus d'informations complètes sur la maladie elle-même, on trouve sur ce site des témoignages touchants de personnes atteintes de diabète qui transmettent leur approche « positive » devant la maladie et la vie en général. C'est le cas de personnalités connues comme Mgr Jean-Claude Turcotte, l'archevêque de Montréal, et Yvon Pedneault, le commentateur sportif, dont les propos sont encourageants et optimistes.

Le site propose aussi une intéressante section destinée aux proches des personnes atteintes de diabète (section « Vivre au quotidien », volet psychologie). Ils y trouvent des suggestions réconfortantes pour diminuer les sources de stress et des conseils pour aborder de façon « positive » le traitement d'une personne atteinte de diabète sans s'épuiser et sans s'oublier eux-mêmes.

Les sites gouvernementaux, canadiens et québécois, ne sont pas en reste dans la diffusion d'informations sur le diabète. Le ministère de la Santé et des Services sociaux du Québec publie notamment sur son site (www.msss.gouv.qc.ca) un guide de 63 pages sur l'alimentation de la personne diabétique. On y trouve des informations factuelles sur chacun des groupes d'aliments et leurs substituts, sur la valeur nutritive de chaque portion et sur les principes de base de la préparation des aliments. Une autre possibilité pour s'informer sur l'alimentation de la personne diabétique : le site Internet de Santé Canada (www.hc-sc.gc.ca) y rend accessible le *Guide alimentaire canadien* qui offre de précieux points de repère sur les besoins nutritifs de chaque personne en fonction de son âge et de son sexe. On peut même y faire soi-même son propre guide d'alimentation à l'aide d'un questionnaire interactif en ligne qui tient compte des particularités de la personne et de ses goûts alimentaires.

Dans un autre ordre d'idées, les blogues, les forums et les messageries instantanées (*chats*) du cyberespace ont l'avantage de briser les solitudes et de mettre en lien les personnes qui vivent avec le diabète ou celles le côtoient quotidiennement. Ces échanges font du bien. Pouvoir dire à des personnes compatissantes que la nuit a été éprouvante à la suite d'une crise d'hypoglycémie du conjoint est un exutoire réconfortant. Et recevoir une réponse encourageante, même si elle est d'un inconnu, l'est tout autant. De même, constater que d'autres vivent des expériences semblables, des phases de découragement, par exemple, soutient le moral. On y trouve des trucs sur l'alimentation, l'activité physique et des suggestions de lecture.

Quoi qu'il en soit, ces échanges ne remplaceront jamais l'avis d'un professionnel de la santé sur les questions relatives au traitement du diabète proprement dit. Les conseils et les mises en garde des blogueurs sur un médicament, par exemple, ne doivent absolument pas être pris au pied de la lettre. Tout au plus peuvent-ils faire l'objet d'une discussion avec le médecin.

Les sites qui offrent cette formule d'échange sont légion. Certains s'adressent directement aux personnes atteintes de diabète et à leurs proches comme : www.mamansdiabetiques.com et www.vivreavecundiabete.com. Un autre site fort intéressant, www.atoute.org, propose une série de forums sur différentes maladies et s'adresse aux personnes qui en sont atteintes. Le forum diabète est très fréquenté et mérite une mention spéciale.

Quelques suggestions de livres

Patti B. GEIL et Lea Ann HOLZMEISTER. *101 Trucs et conseils de nutrition pour les diabétiques,* Éditions Caractère, 2008.

Sylvie RAJOTTE. *Causons diabète et santé*, Éditions de l'Homme, 2009.

UNITÉ DE JOUR DE DIABÈTE du pavillon de l'Hôtel-Dieu du CHUM. *Connaître son diabète... pour mieux vivre*, Éditions Rogers Média, 2009.

Dr Christian FORTIN. *Le Diabète : agissez avant lui !*, en collaboration avec Diabète Québec, 2003.

Josiane PAIEMENT et Stéphane CHOUINARD. *Le Guide de voyage pour la personne diabétique*, Diabète Québec, 2006.

Quatre histoires : Comment vivent-ils aujourd'hui ?

RAPHAËL ET LAURENCE

Raphaël, le jardinier, avait déjà perdu beaucoup de sensibilité aux mains au moment du diagnostic de diabète de type 2. La neuropathie s'est développée par la suite au niveau des pieds. Les avancées technologiques ont toutefois réussi à maîtriser l'évolution de l'atteinte des nerfs périphériques. Par contre, des complications cardiovasculaires se sont manifestées de façon inquiétante, six ans après le diagnostic, et ont nécessité plusieurs pontages coronariens. Le diabète à risque de Raphaël, même s'il est bien contrôlé, n'empêche pas son épouse Laurence d'éprouver beaucoup d'anxiété, elle qui est de nature à s'inquiéter, parfois pour des riens, mais souvent avec raisons. Raphaël et Laurence ont emboîté le pas à l'inévitable changement de cap dans la façon de s'alimenter et de vivre.

BERNARD ET JEANNINE

Les deux premières crises d'hypoglycémie de Bernard les ont littéralement jetés par terre. Toutes les précautions n'ont pas eu raison de la menace hypoglycémique. C'est qu'avec le temps, le diabète peut faire diminuer — jusqu'à les faire disparaître — les signes avant-coureurs d'une crise. Bernard n'a plus droit à l'erreur. Heureusement, leur discipline naturelle et leur goût des choses bien ordonnées leur servent énormément pour faire face à la maladie. Leur engagement dans les activités de grandes associations liées au diabète est pour eux une motivation de tous les instants. Ils sont un bon exemple de complicité exceptionnelle.

ROSALIE ET SES PROCHES

Autonomie, motivation et responsabilité, c'est la voie salutaire qu'a choisie Rosalie. Avant même d'être diagnostiquée diabétique de type 2, c'était là son approche de la vie et de la santé. Son goût pour le plein air a trouvé un point d'appui efficace dans le traitement du diabète. Elle vit seule encore aujourd'hui, mais s'entoure de gens qui partagent son goût pour les expéditions. Elle en fait un peu moins, compte tenu de son âge, mais le fait de façon régulière. À soixante-dix ans, Rosalie, qui n'était traitée que par médication orale jusqu'à présent, a dû commencer le traitement par insuline, ce qui arrive presque inévitablement avec la progression de la maladie même si celle-ci est bien contrôlée. Les proches de Rosalie ne se font pas de soucis, plusieurs même ignorent son état.

ALEXANDRE ET GENEVIÈVE

Le peu d'emprise qu'Alexandre a sur sa vie — il n'a pas encore d'emploi stable à trente-cinq ans — se répercute sur sa santé. Alimentation en zigzag et mal contrôlée, activité physique irrégulière. Les problèmes de santé se multiplient : pression difficile à maîtriser, hypoglycémies à répétition, perte de la sensibilité à un orteil du pied droit. Dans son cas, la pompe à insuline s'est avérée une bonne option puisqu'elle lui sert de guide dans le traitement. Geneviève, sa compagne, a pris en charge la viabilité financière de la famille, mais elle a compris ses limites quant aux difficultés d'Alexandre. Ce qui ne se fait pas sans heurts… Alexandre et Geneviève ont deux enfants de 9 et 11 ans, ni l'un ni l'autre n'a montré jusqu'à présent de signes annonciateurs de diabète.

La clé de la motivation : briser l'isolement

Les similitudes nous rapprochent parfois de certaines réalités et nous les font mieux comprendre. Prenons, par exemple, la situation socio-économique dans le monde occidental : une surabondance de production, tant alimentaire que manufacturière, souvent mal adaptée en volume et en qualité aux besoins réels et immédiats. La bulle immobilière n'en finit pas de se dégonfler, comme les rêves de richesse de l'après-Deuxième Guerre mondiale. L'économie montre des signes palpables d'étouffement, comme si ce qui alimentait le développement, depuis les années 1950, ne fonctionnait plus. En nous inspirant de la situation des personnes atteintes de diabète, nous pourrions affirmer qu'il y a trop de « sucre » dans l'organisme, et pas assez d'insuline ! Les valeurs sont à repenser, l'approche « verte » devient vitale à la survie de la planète, comme l'alimentation saine et la rigueur de la discipline s'imposent dans le traitement du diabète.

On remarque qu'une très grande proportion de personnes qui sortent des camps de réfugiés pour être déplacées dans des sociétés dites d'abondance sont de futurs diabétiques. Après avoir vécu tant de misère, elles valorisent et privilégient souvent les solutions de facilité dans leur alimentation et leur mode de vie. Elles passent d'un extrême à l'autre. Leurs cellules bêta, qui produisent l'insuline et régularisent l'absorption des glucides, sont rapidement endommagées. La transition à partir d'une situation de privation vers une situation d'abondance est difficile sur le plan de l'équilibre métabolique, tout comme celle de notre société engagée dans un mode de consommation de plus en plus rapide sur le plan de l'alimentation.

Mode de vie, société et diabète

La forte prévalence du diabète et du prédiabète, qui s'affirmera encore plus dans les prochaines années, est un des sous-produits de cette société d'abondance mésadaptée que nous sommes à repenser. Trop de facilité d'accès à l'alimentation rapide, trop d'efforts investis dans l'automatisation qui valorise le moindre effort physique et engendre la sédentarisation : tout ce qu'il ne faut pas faire pour prévenir le diabète est porté aux nues.

Les personnes atteintes de diabète et leurs proches, tout comme les entreprises et les sociétés, n'ont pas le choix. La vie ne sera plus comme avant, mais l'est-elle vraiment, d'un jour à l'autre, de toute façon? Chaque jour nouveau n'est-il pas différent de la veille et ne fait-il pas appel, parfois brutalement, à la capacité de l'être humain à s'adapter au changement qu'il doit intégrer au fur et à mesure que celui-ci se présente.

Qu'on se souvienne de ceci : ce qui était perçu comme un état sans avenir, il y a quelques années encore, montre maintenant de réels signes d'espoir. Le diabète est certes une maladie chronique dont on ne guérit pas, mais les découvertes effectuées au fil du temps, et en particulier depuis les vingt dernières années, permettent aujourd'hui aux personnes atteintes de mener une vie presque normale sur tous les plans. Le traitement par insuline se fait de façon plus efficace et s'adapte aux besoins précis de chaque personne. De plus, le fait de manger sainement gagne de plus en plus de terrain, même auprès de gens qui sont en parfaite condition. De plus en plus de programmes santé, qui conviennent à tous, incluant les gens atteints de diabète, sont mis de l'avant. On serait étonné du nombre de personnes atteintes de diabète qu'on croise chaque jour, avec qui on partage travail et activité sportive, et qui semblent mener une vie parfaitement normale.

Le changement qu'exige un diagnostic de diabète n'est pas hors de portée.

La difficulté avec le diabète, c'est qu'il nécessite un virage perpétuel. « Comme c'est difficile de maintenir le cap de la discipline et des bonnes résolutions! », confirment la plupart des personnes qui sont en contact étroit avec cette maladie. Mais on oublie parfois que la motivation de tous les instants ne vient pas toute seule et qu'il faut la cultiver.

Cultiver le respect de soi et la bienveillance envers l'autre. Choisir chaque matin l'approche de vivre plus et mieux plutôt que celle de survivre. Savoir reconnaître ses alliés, ceux, par exemple, qui valorisent la saine alimentation et les bienfaits de l'exercice physique et avec qui manger et faire de l'exercice devient un plaisir. Et aussi ceux qui respectent les aléas et les contraintes quotidiennes des personnes atteintes de diabète. Cela donne un sens à la discipline et motive la continuité dans les bonnes résolutions.

À la lumière de mes nombreuses années d'expérience dans le traitement du diabète, je dois admettre que la motivation à maintenir le cap vient avant tout avec le sentiment d'appartenance à un groupe qui partage les mêmes préoccupations. Développer et maintenir des liens réguliers avec d'autres personnes atteintes de diabète, faire partie de regroupements et d'associations de diabétiques et de leurs proches et être actif dans ces réseaux, se tenir informé et faire part de ses propres expériences, autant de clés pour briser l'isolement et le sentiment d'impuissance.

Donner un nouveau sens à la vie avec le soutien des autres, voilà une façon proactive d'envisager l'avenir. La vie ne sera certes pas celle d'hier, mais qui sait, peut-être sera-t-elle meilleure ?

Acidose diabétique (ou acidocétose)

Complication hyperglycémique causée par l'accumulation de corps cétosiques dans le sang provenant de la dégradation des graisses et du manque d'insuline. Plus fréquente chez les diabètes de type 1, elle peut mener à un coma diabétique si elle n'est pas soignée.

Angiopathie (ou artériopathie)

Détérioration des artères due à un dépôt progressif à l'intérieur des vaisseaux, qui entraîne leur rétrécissement. Les artères les plus souvent touchées sont celles du cœur.

Artérite

Atteinte inflammatoire de la paroi des artères qui en rétrécit le diamètre, et à la limite, qui contribue à les boucher. L'artérite peut se compliquer d'artériosclérose (durcissement des artères).

Arthropathie

Maladie des articulations qui se manifeste par une atteinte des nerfs (neuroarthropathie) chez certaines personnes atteintes de diabète.

AVC

Accident vasculaire cérébral dont une des principales causes est l'hypertension artérielle.

Bolus

Intervention médicale par injection intraveineuse importante pour affronter une hyperglycémie ou une hypoglycémie. Ce mot peut aussi désigner une injection d'insuline rapide par voie sous-cutanée.

Calorie

Unité de mesure de la valeur énergétique d'un aliment.

Cellules bêta

Cellules qui constituent environ 70 % des cellules des îlots de Langerhans et qui sécrètent l'insuline.

Cellules alpha

Cellules qui constituent environ 20 % des cellules des îlots de Langerhans (pancréas endocrine) et qui sécrètent le glucagon.

Coma acidosique

Urgence médicale causée par l'aggravation d'une acidose diabétique provoquant une perte de conscience de la personne atteinte de diabète sucré reliée à une hyperglycémie — manque d'insuline — grave et à une déshydratation extrême.

Coma hypoglycémique

Urgence médicale causée par l'aggravation d'un état hypoglycémique provoquant une perte de conscience de la personne atteinte de diabète sucré reliée à une hypoglycémie — manque de glucose — grave.

Diabète de type 1 – juvénile – maigre – insulinodépendant

Maladie chronique caractérisée par un taux de sucre trop élevé dans le sang résultant de l'absence de sécrétion d'insuline. Il apparaît généralement avant quarante ans, et le plus souvent au moment de la puberté ou chez les jeunes adultes. Il se traite par injection d'insuline.

Diabète de type 2 – familial – gras – non insulinodépendant

Maladie chronique caractérisée par un taux de sucre anormalement élevé dans le sang et s'expliquant par une certaine résistance du corps à l'insuline ou à une production insuffisante d'insuline. Il peut être traité par des médicaments, ou dans certains cas, par des injections d'insuline.

Diabète gestationnel

Dysfonction métabolique occasionnant un taux de sucre anormalement élevé dans le sang. Il apparaît durant la grossesse et disparaît généralement après la naissance du bébé. C'est un facteur de risque du diabète.

Diabète sucré

Forme la plus courante du diabète caractérisée par la présence anormalement élevée de sucre dans le sang.

Dysglycémie

Terme qui caractérise une situation de déséquilibre dû à la présence trop forte de sucre dans le sang.

Électrocardiogramme (ECG)

Enregistrement de l'activité électrique du cœur. Il capte la stimulation électrique que le cœur reçoit pour pouvoir se contracter.

État hyperosmolaire

État qui se présente chez l'individu atteint de diabète sucré mal contrôlé avec des valeurs de sucre dans le sang pouvant atteindre des taux très élevés, jusqu'à 30 mmol/L et plus. Il peut conduire au coma hyperosmolaire nécessitant une hospitalisation d'urgence.

Gastroparésie

Complication liée à un ralentissement de la vidange gastrique ou de la digestion et qui entraîne par conséquent une perte d'appétit.

Glucagon

Hormone produite par les cellules alpha du pancréas qui fait augmenter la glycémie ou le taux de sucre dans le sang. Sa production est inversement proportionnelle à celle de l'insuline.

Glucagon-like peptide (GLP-1)

Substance intestinale appelée incrétine digestive qui stimule la cellule bêta à sécréter de l'insuline. Son déficit crée un terrain propice au développement d'un diabète de type 2.

Glucides alimentaires

Ils sont une partie importante des propriétés de certains aliments, fruits, légumes, fibres, essentiels dans l'alimentation du corps humain. On les appelle aussi hydrates de carbone, et plus communément les sucres. Ils contribuent à la moitié des besoins en énergie d'une personne.

Glycation (ou glycolisation)

Réaction au contact du sucre et du pigment rouge du sang qui est l'hémoglobine.

Glycogène

Molécule formée de l'association de plusieurs molécules de glucose et qui sert de réserve énergétique, essentiellement stockée dans le foie et dans les muscles. Il libère le glucose en fonction du contrôle ou de l'absence de contrôle des hormones que sont l'insuline et le glucagon.

Glycosurie

Présence anormale de sucre dans les urines, signe d'une mauvaise assimilation des glucides dans l'organisme. La plupart du temps, elle indique une situation de diabète sucré.

HDL cholesterol *(high density lipoprotein)*

Communément appelé « bon cholestérol ». Les lipoprotéines de haute densité transportent les graisses dans le sang et les amènent au foie qui les élimine.

Hémoglobine glyquée ou HB A1C

Analyse de laboratoire qui permet d'évaluer, par une prise de sang, le taux moyen de glycémie au cours des trois derniers mois chez une personne atteinte de diabète. Elle est complémentaire aux glycémies mesurées avec le lecteur. Elle s'exprime en pourcentage des molécules de sucre dans les globules rouges, qui doit être inférieur à 7 %.

Hormone

Molécule produite par une glande et transportée la plupart du temps dans le sang pour agir sur des organes cibles situés à distance dans l'organisme. L'insuline est une hormone.

Hyperglycémie

État caractéristique d'une personne atteinte du diabète sucré dont le taux de sucre dans le sang est anormalement élevé : égal ou supérieur à 7 mmol/L à jeun ou égal ou supérieur à 11 mmol/L à toute heure du jour.

Hypertension

Haute pression sanguine qui se caractérise par une forte pression du sang sur les artères. Le niveau normal est de 120/80.

Hypoglycémie

État caractéristique d'une personne dont le taux de sucre dans le sang est anormalement bas, soit inférieur à 4 mmol/L.

Îlots de Langerhans

Cellules endocrines du pancréas regroupées en îlots où logent les cellules bêta et alpha qui produisent les hormones que sont l'insuline et le glucagon.

Incrétine

Hormone gastro-intestinale qui stimule la sécrétion d'insuline lorsque la glycémie est trop élevée.

Index de masse corporelle (IMC)

Coefficient qui permet d'évaluer la corpulence d'une personne en fonction de son poids (kg) divisé par sa taille (mètre au carré). Un IMC entre 18,5 et 25 indique une corpulence normale et minimise les risques de maladies.

Insuline

Hormone sécrétée par les cellules bêta du pancréas. Elle joue un rôle important dans l'équilibre du taux de sucre dans le sang en favorisant l'entrée du glucose dans les cellules de l'organisme et en informant le foie d'en diminuer sa production.

Insuline basale

Insuline de base, fabriquée en laboratoire, qui permet d'équilibrer l'activité métabolique avec l'apport d'une ou de plusieurs injections d'insuline par jour, et de façon prolongée, avec une injection au moment du coucher.

Insuline prandiale

Insuline à action rapide ou très rapide, fabriquée en laboratoire et administrée par injection avant chaque repas, 15 à 30 minutes pour celle à action rapide, tout juste avant de commencer à manger pour celle à action très rapide.

Insulinorésistance

Insuffisance de la réponse cellulaire et tissulaire à l'insuline qui peut entraîner une intolérance au glucose. Terrain fertile pour le développement du diabète sucré. Elle est présente dans le diabète diagnostiqué.

Intolérance au glucose

État caractérisé par une glycémie entre 7,8 mmol/L et 11,1 mmol/L, 2 heures après ingestion de 75 grammes de glucose par voie orale.

LDL cholesterol *(low density lipoproteine)*

Communément appelé « mauvais cholestérol », celui qui est transporté par des lipoprotéines de faible densité. Il fixe le cholestérol aux tissus et est responsable du rétrécissement — et même de l'obstruction — des artères.

Lipides

Nutriments qui regroupent les matières grasses, huile, beurre, margarine ainsi que les viandes, poissons et fromages, indispensables au bon fonctionnement des organismes vivants. Ils constituent l'une des trois principales sources d'énergie de l'alimentation.

Macula

Petite dépression de la rétine, appelée aussi tache jaune, située au fond de l'œil, où l'acuité visuelle est à son maximum.

Microanévrysme (ou microanévrisme)

Anévrysme de petite taille formé par la dilatation de la paroi d'une artère.

Mmol/L (millimol/litre)

Unité de mesure qui indique la concentration de glucose par litre de sang, la normale se situant entre 4 et 6 mmol/L à jeun le matin. Au-dessus de cette mesure, on évoque l'hyperglycémie et en dessous, l'hypoglycémie.

Myéline

Substance constituée principalement de lipides servant, de façon générale, à protéger les fibres nerveuses.

Myocarde

Muscle du cœur.

Néphropathie diabétique

Complication chronique reliée à l'hyperglycémie. Elle perturbe la fonction de filtration du sang dans les petits vaisseaux sanguins des reins et nuit à l'assainissement des déchets sanguins.

Neuropathie diabétique

Complication chronique du diabète causée par l'hyperglycémie. Elle affecte les nerfs, en particulier ceux des membres périphériques, en réduisant la sensibilité à la douleur, à la chaleur et au froid.

Obésité

Excès de graisses et de tissus adipeux dans l'organisme qui entraîne une surcharge pondérale qui fait grimper l'indice de masse corporelle (IMC) au-dessus de 30.

Pancréas

Glande exocrine et endocrine, de forme allongée, située dans la partie supérieure de l'abdomen. Il joue un rôle important dans la digestion des aliments et la transformation des glucides dans l'organisme.

Polydipsie

Symptôme du diabète sucré de type 1, caractérisé par une soif intense et excessive.

Polyurie

Symptôme du diabète sucré de type 1, caractérisé par la fréquence et l'abondance des urines.

Progestatif

Hormone ou substance artificielle ayant une action similaire à la progestérone. Elle est prescrite notamment pour la contraception.

Rétinopathie diabétique

Complication chronique du diabète causée par l'hyperglycémie qui interfère dans la circulation du sang au niveau des petits vaisseaux au fond de l'œil. Première cause de cécité chez les 20-64 ans.

Triglycérides

Forme d'acides gras dans le sang provenant principalement de l'huile végétale, des féculents, des fromages et de graisses animales. Ils stockent dans le sang les gras trans quand l'alimentation n'est pas adéquate.

À vous la parole

Vous avez aimé ce livre ?

Vous avez des commentaires
ou des suggestions à nous faire ?

Écrivez-nous à
edition@bayardcanada.com